国家公益性行业科研专项国家特色油料产业技术体系专项资

全球特色油料生产贸易与中国竞争力研究

张雯丽 张 莹 王慧敏 许国栋 刘帅杰◎著

Study on Global Production，
Trade of Special Oilseed Crops and
China's International Competitiveness

经济管理出版社
ECONOMY & MANAGEMENT PUBLISHING HOUSE

图书在版编目（CIP）数据

全球特色油料生产贸易与中国竞争力研究/张雯丽等著 . —北京：经济管理出版社，2022.6

ISBN 978 - 7 - 5096 - 8442 - 9

Ⅰ. ①全…　Ⅱ. ①张…　Ⅲ. ①油料作物—国际贸易—研究—中国 ②油料作物—国际竞争力—研究—中国　Ⅳ. ①F752.652.2

中国版本图书馆 CIP 数据核字（2022）第 099201 号

组稿编辑：郭　飞
责任编辑：郭　飞
责任印制：黄章平
责任校对：张晓燕

出版发行：经济管理出版社
　　　　　（北京市海淀区北蜂窝 8 号中雅大厦 A 座 11 层　100038）
网　　址：www. E - mp. com. cn
电　　话：（010）51915602
印　　刷：唐山玺诚印务有限公司
经　　销：新华书店
开　　本：720mm × 1000mm/16
印　　张：13
字　　数：212 千字
版　　次：2022 年 7 月第 1 版　　2022 年 7 月第 1 次印刷
书　　号：ISBN 978 - 7 - 5096 - 8442 - 9
定　　价：88.00 元

前　言

全球范围内油料种类十分丰富。大豆是全球第一大油料，其次是油菜籽、葵花籽和花生，四类油料产量占全球总量的 89.0%[①]。其他油料包括芝麻、胡麻籽[②]、红花籽、蓖麻、苏子等草本油料，油棕、椰子、油茶、橄榄、核桃等木本油料，以及棉籽、玉米等兼用型油料。油菜籽和花生是中国两大主要油料，两类油料产量占全国总量的 89.3%[③]，其他油料中除油棕和橄榄受气候影响无法在国内大面积种植外，多数品种均有一定规模种植。特色油料在国内外尚没有既定统一的概念。中国特色油料一般特指具有特色和特殊用途的一类油料作物：一是区别于油菜籽和花生等规模相对较大的传统大宗油料；二是除油用外还具有一定的特殊用途，如医用、药用、工业用。在本书中，我们基于全球油料和中国油料生产特点以及特色油料的基本含义，将特色油料界定为除大豆、油菜、花生等国内外传统大宗油料以外的油料总称。基于数据可获得性、连续性和完整性，本书重点对全球向日葵、芝麻、胡麻籽、油棕、红花籽、蓖麻和椰子等特色油料进行分析。

近 60 年来，全球特色油料生产和贸易总量、结构呈现显著的动态变化趋势。主要生产和贸易区域变迁特征十分明显，部分地区如欧洲、非洲、美洲、亚洲分别成为全球葵花籽、芝麻、胡麻籽、油棕、红花籽、蓖麻和椰子的主要生产以及出口地区。俄罗斯和乌克兰的葵花籽产业、非洲的芝麻产业、加拿大的胡麻籽产业、印度尼西亚和马来西亚的油棕产业、印度的红花籽和蓖麻产业、印度尼西亚

[①] 2021 年 9 月美国农业部数据发布的 2020/21 年度全球油料供需平衡表数据。

[②] 中国统计口径中该油料为胡麻籽，在国际市场以及我国进口统计中该油料为 linseed（通常称之为亚麻籽），产品实为同一种。为保持全文的一致性，我们在本书中统称为胡麻籽。

[③] 2020 年中国统计局公布的油料产量数据。

和菲律宾的椰子产业等逐渐成为全球具有影响力的产业，并为各国农业经济发展和农产品出口创汇做出了积极贡献。中国在世界特色油料生产、消费和贸易中也占据重要地位，曾经也是世界主要芝麻和食用葵花籽出口国。近年来，在经济增长、人口增加和消费升级驱动下，中国特色油料消费需求快速增加，但受资源约束、经贸政策调整等因素影响，中国特色油料生产发展趋于缓慢，产需缺口不断扩大，对国际市场依赖程度不断提高，导致中国在全球特色油料生产贸易中所处的地位也发生了显著变化。突出表现为：部分品种生产发展缓慢，占全球总产量的比重有所下降，产业影响力减弱；部分以出口为主的产品从贸易顺差转变为贸易逆差，产品竞争力不同程度下降；同时贸易规模的扩大对中国特色油料产业也产生了相应影响。作为特色油料消费大国，一方面，当前及未来相当长一段时期内，中国仍将利用全球市场实现特色油料产品供需余缺的调剂，包括稳定和扩大出口市场以及拓展部分品种进口国家和地区；另一方面，特色油料仍将作为主要种植作物在主产区特别是中西部地区发展壮大，并成为带动地方经济发展和促进农民持续增收的重点特色产业。因此，在全球贸易自由化以及特色油料生产和贸易新格局构建背景下，有必要基于贸易格局演变趋势和成因、竞争力测度和因素分析、对外合作现状和潜力等视角研判中国特色油料产业发展路径，兼顾供给安全和产业安全，实现既满足市场需求，又促进产业可持续高质量发展的目标。

本书正是基于此研究背景确定的研究主题和基本框架。研究的主要思路是在全面把握全球和中国特色油料生产贸易发展动态趋势基础上，剖析中国特色油料贸易变动成因、贸易竞争力变动特征及影响因素，分析研判中国特色油料贸易潜力以及部分品种未来经贸合作方向，进而研究提出提升中国特色油料产业竞争力、促进产业高质量发展的对策建议。研究的重点内容包含三个方面：一是基于全球特色油料生产与贸易发展视角研究探讨中国特色油料贸易变动成因。基于全球特色油料贸易数据，采用恒定市场份额模型分析中国葵花籽、葵花籽油、芝麻、胡麻籽等主要特色油料及油脂贸易变动成因。二是研究探讨了中国特色油料贸易竞争力及影响因素。采用国际出口市场占有率、贸易竞争力指数、显示性比较优势指数三项指标，测算分析了中国葵花籽、芝麻、胡麻籽等特色油料的国际竞争力及变化趋势，并分析了影响竞争力的主要因素。三是研究中国与主要国家和地区特色油料经贸合作的现状及潜力，并对近年来产需缺口较大、进口需求旺盛的重点品种对外合作方向进行了探讨。相关研究为进一步优化中国特色油料贸易格局、提升产业竞争力以及促进产业可持续发展提供了宝贵的数据资料和有益的决策参考。

本书相关研究是国家特色油料产业技术体系产业经济研究专项的阶段性成果，共设七章内容。第一章基于 FAO、UN Comtrade 等公开统计数据对全球葵花籽、芝麻、胡麻籽、油棕、红花籽、蓖麻、椰子等特色油料生产与贸易发展现状与结构特征进行分析，并对未来市场发展趋势进行了预判。第二章基于《中国统计年鉴》《中国农业统计资料》《新中国农业 60 年统计资料》，重点对中国三种特色油料（葵花籽、芝麻、胡麻籽）的生产与贸易发展情况进行了细致梳理和分析。第三章利用贸易统计数据测算了三种特色油料进出口贸易变动成因。第四章测算了三种特色油料国际竞争力变化情况，并对影响因素进行了分析。第五章分析了中国与"一带一路"沿线国家农产品贸易、油脂油料贸易发展情况，并对特色油料贸易潜力进行了探讨。第六章重点分析了中非特色油料（油棕、芝麻）合作发展情况，并对中非油棕、芝麻产业合作方向进行了展望。第七章在前述研究内容的基础上，综合全球特色油料生产与贸易发展、中国特色油料生产与贸易发展、贸易变动成因、贸易竞争力和影响因素、经贸合作潜力及方向等研究结论，从切实转变生产方式、积极培育产业主体、大力推进精深加工、建设完善市场体系、实施差异化品牌化战略以及加强产业对外合作六个方面提出提升中国特色油料产业竞争力、促进产业可持续健康发展的政策建议。

本书是团队合作与分工研究相结合的成果。课题研究的主题内容和总体框架由张雯丽提出，经课题组成员充分讨论后确定。课题计划和研究工作由张雯丽组织实施。研究报告初稿完成后，课题组进行了多次交流讨论，多方征求意见，对相关研究报告进行修改完善。本书具体分工是：前言由张雯丽、张莹执笔，第一章由张莹、王慧敏、刘帅杰、许国栋、张雯丽执笔，第二章由王慧敏、张莹、许国栋、张雯丽执笔，第三章由张莹、王慧敏、张雯丽执笔，第四章由张莹、王慧敏、张雯丽、许国栋执笔，第五章、第六章由张雯丽、刘帅杰执笔，第七章由张雯丽、张莹执笔。课题负责人张雯丽逐一对各章书稿进行了修改和审定，并承担了研究报告的汇总和编辑工作。

目　录

第一章　全球特色油料生产与贸易发展

近 60 年来，全球特色油料生产和贸易活跃度较高，在油料生产贸易中占据重要地位。自 20 世纪中叶以来，随着经济发展、人口增加以及经贸往来日益密切，全球特色油料生产快速发展，多双边贸易合作也日趋活跃，贸易规模显著扩大。目前，欧洲、非洲、美洲、亚洲分别是全球葵花籽、芝麻、胡麻籽、油棕、红花籽、蓖麻和椰子主要生产以及出口地区。特色油料也成为部分主要生产和出口国的重要经济支柱和出口创汇产业，如俄罗斯和乌克兰的葵花籽产业、非洲的芝麻产业、加拿大的胡麻籽产业、印度尼西亚和马来西亚的油棕产业、印度的红花籽和蓖麻产业、印度尼西亚和菲律宾的椰子产业等。本章利用 FAO 数据库、UN Comtrade 数据库相关数据，总结分析了全球七类特色油料作物的生产、贸易发展情况以及结构特征，并对全球特色油料市场发展趋势进行了展望。

第一节　全球葵花籽生产与贸易发展情况

葵花籽是仅次于大豆和油菜籽的全球第三大油料，也是特色油料中产量最大的油籽。2019/20 年度全球葵花籽产量占油料总产量的 9.4%。葵花籽富含不饱和脂肪酸、多种维生素和微量元素，是重要的食用油料之一。在全球范围内，葵花籽主要用于榨油，直接食用比例相对较小。因此，葵花籽主产国也是葵花籽油主要生产和贸易国。半个多世纪以来，全球葵花籽生产规模波动上升，葵花籽油贸易快速发展。

一、全球葵花籽生产发展动态及结构特征

(一) 全球葵花籽生产规模整体呈扩大趋势

自 20 世纪 60 年代以来，全球葵花籽生产规模虽有波动，但整体呈扩大趋势。在种植面积、单产水平双增的推动下，全球葵花籽总产量显著增加，且增速明显高于种植面积和单产水平的增速 (见图 1-1)。

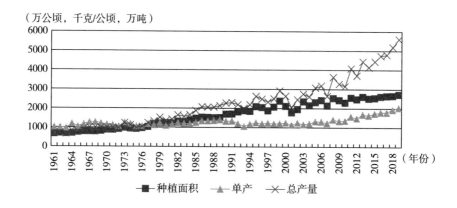

图 1-1 1961～2019 年全球葵花籽种植面积、单产、总产量变化情况

资料来源：FAO 数据库。

从变化趋势来看，全球葵花籽总产量与种植面积发展变化基本可分为三个阶段：第一阶段 (1961～1999 年)，全球葵花籽总产量和种植面积大致呈小幅稳步上升的趋势，总产量从 1961 年的 681.7 万吨增至 1999 年的 2918.8 万吨，种植面积从 1961 年的 666.7 万公顷增加到 1999 年的 2387.9 万公顷，年均增幅分别为 3.9% 和 3.4%。第二阶段 (2000～2014 年)，全球葵花籽总产量、种植面积波动上升。发生这种转折的原因主要与国际市场价格有关。2000 年，国际市场植物油价格疲软，葵花籽首当其冲。[①] 国际市场价格的下跌导致葵花籽种植面积的减少，进而造成全球葵花籽产量的下降。2014 年，全球葵花籽总产量 4142.2 万吨，与 2000 年的 2650.1 万吨相比，增加了 1492.1 万吨，年均增幅 3.2%。第三阶段

---

① 刘俊梅. 向日葵生产发展潜力初探 [J]. 现代农业，2015 (3)：16-17.

（2015～2019 年），全球葵花籽总产量持续增加，2019 年为 5607.3 万吨，同比增长 8.0%，比 2015 年增长了 26.5%。产量持续增加的原因：一是种植面积稳步提升，2019 年为 2736.9 万公顷，与 2015 年相比，增幅为 7.4%；二是单产水平明显提升，2019 年为 2048.8 千克/公顷，相较 2015 年的 1739.3 千克/公顷，增幅达 17.8%。

（二）全球葵花籽生产区域分布相对集中，乌克兰和俄罗斯主产国地位较为稳固

全球葵花籽生产区域分布相对集中，主要生产国排名前三位由 1980 年的苏联、美国、阿根廷变为 2018 年的乌克兰、俄罗斯和阿根廷（见表 1-1）。自 2005 年以来，乌克兰和俄罗斯主产国地位较为稳固，两国合计产量占全球总产量的比重不断提高。2019 年，乌克兰和俄罗斯两国葵花籽产量占全球总产量的比重合计 54.6%，与 2000 年的 27.8% 相比，提高了 26.8 个百分点。产量增加的动力来自以下三个方面：一是葵花籽种植面积增加。向日葵是俄罗斯的国花，向日葵是俄罗斯最受欢迎的农作物之一，种植面积约占俄罗斯经济作物总面积的 50%。2019 年俄罗斯种植了 841.5 万公顷向日葵，与 2005 年的 541.1 万公顷相比，增长了 55.5%。乌克兰肥沃的黑土和适宜的气候条件有利于向日葵生长，产

表 1-1　1980～2019 年全球葵花籽生产区域布局变迁特征

单位：万吨，%

1980 年			1990 年			2000 年		
国家	产量	占比	国家	产量	占比	国家	产量	占比
苏联	461.8	33.8	苏联	640.3	28.2	阿根廷	607.0	22.9
美国	169.7	12.4	阿根廷	390.0	17.2	俄罗斯	391.9	14.8
阿根廷	165.0	12.1	法国	243.0	10.7	乌克兰	345.7	13.0
中国	91.0	6.7	中国	133.9	5.9	中国	195.4	7.4
罗马尼亚	80.1	5.9	西班牙	131.2	5.8	法国	183.3	6.9
土耳其	75.0	5.5	美国	103.2	4.5	美国	160.1	6.1
西班牙	67.0	4.9	印度	87.3	3.8	西班牙	91.9	3.5
匈牙利	45.6	3.3	土耳其	86.0	3.8	土耳其	80.0	3.0
保加利亚	38.0	2.8	匈牙利	68.4	3.0	罗马尼亚	72.1	2.7
南非	33.3	2.4	南非	64.9	2.9	印度	64.6	2.4

续表

2005 年			2010 年			2015 年		
国家	产量	占比	国家	产量	占比	国家	产量	占比
俄罗斯	647.0	21.1	乌克兰	677.2	21.5	乌克兰	1118.1	25.2
乌克兰	470.6	15.3	俄罗斯	534.5	17.0	俄罗斯	928.0	20.9
阿根廷	366.2	11.9	中国	229.8	7.3	阿根廷	315.8	7.1
中国	192.8	6.3	阿根廷	223.2	7.1	坦桑尼亚	287.9	6.5
美国	182.2	5.9	法国	164.1	5.2	中国	269.8	6.1
法国	151.0	4.9	保加利亚	153.6	4.9	罗马尼亚	178.6	4.0
印度	143.9	4.7	土耳其	132.0	4.2	保加利亚	169.9	3.8
罗马尼亚	134.1	4.4	罗马尼亚	126.3	4.0	土耳其	168.1	3.8
匈牙利	110.8	3.6	美国	124.1	3.9	匈牙利	155.7	3.5
土耳其	97.5	3.2	匈牙利	97.0	3.1	美国	132.6	3.0
2017 年			2018 年			2019 年		
国家	产量	占比	国家	产量	占比	国家	产量	占比
乌克兰	1223.6	25.6	乌克兰	1416.5	27.3	俄罗斯	1537.9	27.4
俄罗斯	1048.1	21.9	俄罗斯	1275.6	24.6	乌克兰	1525.4	27.2
阿根廷	354.7	7.4	阿根廷	353.8	6.8	阿根廷	382.6	6.8
罗马尼亚	291.3	6.1	罗马尼亚	306.3	5.9	罗马尼亚	356.9	6.4
中国	258.0	5.4	中国	255.0	4.9	中国	242.0	4.3
保加利亚	205.7	4.3	土耳其	194.9	3.8	土耳其	210.0	3.8
土耳其	196.4	4.1	保加利亚	192.7	3.7	保加利亚	193.7	3.5
匈牙利	189.3	4.0	匈牙利	183.2	3.5	匈牙利	170.7	3.0
法国	162.0	3.4	法国	124.8	2.4	法国	129.8	2.3
美国	98.4	2.1	美国	96.0	1.8	坦桑尼亚	104.0	1.9

资料来源：FAO 数据库。

出的葵花籽品质好。近年来，乌克兰大力发展葵花籽种植，2019 年葵花籽种植面积 595.9 万公顷，与 2005 年的 368.9 万公顷相比，增长了 61.5%。二是生产技术进步。作为传统优势产业，俄罗斯、乌克兰不断加大葵花籽生产技术研发力度，向日葵新品种及高产配套栽培技术等不断进步，单产水平稳步提高，带动了葵花籽产量的增加。三是葵花籽油消费需求拉动。近年来消费者对葵花籽油的营养功能认知度越来越高，葵花籽油消费需求快速增长。乌克兰、俄罗斯作为全球两大葵花籽生产国，在消费需求的刺激下，生产规模持续扩大。

在俄罗斯、乌克兰向日葵生产不断发展的同时，阿根廷向日葵生产逐渐萎缩，从全球生产第一大国逐渐退居到第三大国，产量由 2000 年的 607.0 万吨下降至 2019 年的 382.6 万吨，降幅 37.0%。产量下降的主要原因有两点：一是种植面积的下降，阿根廷葵花籽种植面积从 2000 年的 347.7 万公顷下降到 2019 年的 187.6 万公顷，降幅达 46.0%；二是受天气干旱的影响，近年来阿根廷饱受天气干旱的影响，在一定程度上影响了葵花籽的单产和总产。阿根廷葵花籽产量占全球总产量的比重由 2000 年的 22.9% 下滑到 2019 年的 6.8%。

中国葵花籽产量全球排名相对稳定，近几年基本保持在第五位，占全球总产量的比重在 4%~6%，但占比整体呈下滑趋势。近年来，罗马尼亚、匈牙利、保加利亚等东欧国家向日葵产业发展速度也明显加快，葵花籽产量明显增多。

（三）以色列、乌兹别克斯坦和中国具有单产优势，未来发展潜力较大

从全球范围来看，以色列葵花籽单产水平增长最快，2019 年为 4378.4 千克/公顷（见图 1-2）。乌兹别克斯坦、奥地利葵花籽单产水平也相对较高，2019 年分别为 4064.2 千克/公顷和 3037.2 千克/公顷，但与以色列相比，仍有差距。中

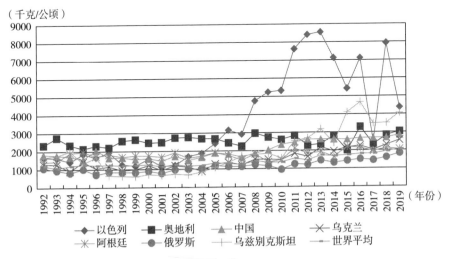

图 1-2　1992~2019 年全球葵花籽部分生产国单产水平变化

资料来源：FAO 数据库。

国葵花籽单产水平稳步提高，2019 年为 2847.1 千克/公顷，与全球平均单产 2048.8 千克/公顷相比，高 39.0%，但与高水平单产国家相比，仍有很大增产空间。乌克兰和俄罗斯虽然是全球两大葵花籽生产国，但两国葵花籽单产并不高，2019 年乌克兰葵花籽单产水平为 2559.9 千克/公顷，高于全球 2048.8 千克/公顷的平均水平；俄罗斯葵花籽单产为 1827.7 千克/公顷，低于全球平均单产水平 10.8%。

二、全球葵花籽贸易发展动态及结构特征

葵花籽主要用于油用压榨加工，原料贸易是葵花籽及产品贸易的重要组成。2019 年，全球葵花籽出口量占总产量的比重约为 11.9%。

（一）全球葵花籽贸易阶段性增长特征明显

自 1988 年以来，全球葵花籽贸易快速发展。国际贸易量由 80.4 万吨上升至 2019 年的 1339.1 万吨，增长了 15.7 倍，年均增长率为 9.5%（见图 1-3）。具体可以分为三个阶段：第一阶段（1988~1996 年），全球葵花籽贸易规模快速扩张，进出口贸易总量从 80.4 万吨增至 899.9 万吨，年均增长率达到 35.4%；第二阶段（1997~2002 年），全球葵花籽贸易规模逐年缩小，进出口贸易总量由 823.0 万吨下降至 457.43 万吨，年均降幅 11.1%；第三阶段（2003~2019 年），全球葵花籽贸易呈波动上升趋势，受波动增长的影响，此阶段进出口贸易总量从 716.0 万吨增长至 1339.1 万吨，年均增长率为 4.0%。至 2019 年，全球葵花籽进、出口量分别为 669.2 万吨和 669.8 万吨。

（二）全球葵花籽进出口国别结构变迁

1. 葵花籽主要进口国集中在欧洲

自 1995 年以来，全球葵花籽主要进口国别较为稳定，主要集中在荷兰、西班牙、土耳其、德国、法国等欧洲国家，进口规模差距不大，除个别年份，主要进口国进口规模占比都在 20% 以下（见表 1-2）。葵花籽进口贸易主要集中在欧洲地区与当地人喜欢食用葵花籽油有关。美国农业部数据显示，2019 年欧盟葵花籽油国内消费量为 492.3 万吨，占全球总消费量的 25.6%。

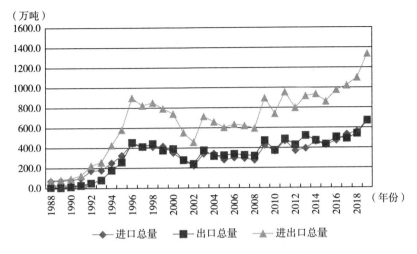

图 1－3　1988～2019 年全球葵花籽进出口贸易规模变化情况

资料来源：UN Comtrade 数据库。

表 1－2　1995～2019 年全球葵花籽主要进口国别结构变迁

单位：万吨,%

1995 年			2000 年			2005 年		
国家	进口量	占比	国家	进口量	占比	国家	进口量	占比
西班牙	60.1	18.6	荷兰	66.1	18.9	西班牙	67.7	24.3
荷兰	55.4	17.1	西班牙	55.8	16.0	荷兰	50.4	18.1
土耳其	35.7	11.0	土耳其	52.4	15.0	土耳其	49.1	17.7
比利时	27.4	8.4	德国	35.4	10.1	意大利	22.1	8.0
德国	26.4	8.1	葡萄牙	26.7	7.6	德国	15.7	5.7
葡萄牙	25.2	7.8	比利时	18.9	5.4	奥地利	9.4	3.4
2010 年			2015 年			2019 年		
国家	进口量	占比	国家	进口量	占比	国家	进口量	占比
土耳其	64.9	17.6	荷兰	69.1	16.5	土耳其	123.9	17.3
荷兰	55.5	15.1	德国	42.7	10.2	荷兰	66.4	9.3
德国	47.9	13.0	西班牙	37.7	9.0	保加利亚	62.4	8.7
西班牙	24.2	6.6	土耳其	34.0	8.1	西班牙	53.5	7.5
意大利	22.1	6.0	法国	25.3	6.0	德国	44.8	6.3
罗马尼亚	20.8	5.7	葡萄牙	23.5	5.6	法国	33.4	4.7

资料来源：UN Comtrade 数据库。

2. 葵花籽主要出口国别相对分散

1995～2019 年，全球葵花籽主要出口国别相对分散，结构变动较大，从阿根廷、法国、美国等为主要出口国转向罗马尼亚、保加利亚、俄罗斯等国家（见表 1－3）。2019 年，罗马尼亚、保加利亚、俄罗斯是全球排名前三的葵花籽出口国，三国出口量分别为 204.7 万吨、73.2 万吨和 71.4 万吨，占全球总出口量的比重分别为 28.1%、10.1% 和 9.8%。从区域分布上来看，葵花籽出口贸易主要集中在罗马尼亚、保加利亚、俄罗斯、摩尔多瓦等欧洲国家，这主要是因为欧洲国家在葵花籽生产与贸易上具有地理区位优势。

表 1－3　1995～2019 年全球葵花籽主要出口国别结构变迁

单位：万吨，%

1995 年			2000 年			2005 年		
国家	出口量	占比	国家	出口量	占比	国家	出口量	占比
阿根廷	84.5	32.7	俄罗斯	111.5	28.5	法国	61.4	18.8
法国	77.4	30.0	乌克兰	83.4	21.3	保加利亚	52.6	16.1
美国	33.1	12.8	法国	52.6	13.5	匈牙利	51.0	15.7
匈牙利	24.9	9.7	阿根廷	28.3	7.2	俄罗斯	28.5	8.7
加拿大	7.6	2.9	匈牙利	28.0	7.2	美国	20.1	6.2
德国	6.7	2.6	美国	18.5	4.7	罗马尼亚	18.8	5.8
荷兰	4.2	1.6	摩尔多瓦	11.2	2.9	乌拉圭	13.6	4.2
2010 年			2015 年			2019 年		
国家	出口量	占比	国家	出口量	占比	国家	出口量	占比
匈牙利	65.8	17.2	罗马尼亚	109.9	25.0	罗马尼亚	204.7	28.1
保加利亚	58.0	15.2	保加利亚	71.5	16.2	保加利亚	73.2	10.1
罗马尼亚	55.7	14.6	法国	40.3	9.2	俄罗斯	71.4	9.8
法国	42.9	11.2	匈牙利	38.9	8.8	摩尔多瓦	57.7	7.9
乌克兰	41.0	10.7	摩尔多瓦	36.6	8.3	哈萨克斯坦	54.0	7.4
美国	15.3	4.0	中国	25.2	5.7	法国	49.0	6.7
中国	14.6	3.8	斯洛伐克	16.5	3.8	中国	48.0	6.6

资料来源：UN Comtrade 数据库。

（三）全球葵花籽贸易流向

1. 葵花籽进口国流入来源分析

2019 年，葵花籽进口量居于全球前五位的国家依次是土耳其、荷兰、保加利亚、西班牙和德国（见表 1-4），这五个国家的葵花籽总进口量占全球葵花籽进口总量的 49.1%。在这五个国家中，荷兰、保加利亚、西班牙的第一大进口来源国都是罗马尼亚，土耳其的第一大进口来源国是摩尔多瓦，德国的第一大进口来源国是匈牙利。具体来看，荷兰、保加利亚、西班牙葵花籽进口来源国相对集中，其中荷兰自罗马尼亚进口 33.4 万吨，占比 50.6%；保加利亚自罗马尼亚进口 38.2 万吨，占比 61.2%；西班牙分别自罗马尼亚、法国，进口 22.9 万吨、20.5 万吨，分别占比 43.1% 和 38.5%。土耳其、德国进口来源国相对分散，其中土耳其从摩尔多瓦进口 39.4 万吨，占比 31.8%；从俄罗斯进口 29.5 万吨，占比 23.8%；从罗马尼亚进口 26.1 万吨，占比 21.1%。德国从匈牙利进口葵花籽 12.7 万吨，占比 28.3%；从保加利亚进口 8.7 万吨，占比 19.4%；从法国进口 6.7 万吨，占比 14.9%。

表 1-4　2019 年全球葵花籽主要进口国流入来源地　　　　单位：%

进口国	土耳其	荷兰	保加利亚	西班牙	德国
流入国家及占比	摩尔多瓦（31.8）	罗马尼亚（50.6）	罗马尼亚（61.2）	罗马尼亚（43.1）	匈牙利（28.3）
	俄罗斯（23.8）	保加利亚（29.0）	俄罗斯（15.1）	法国（38.5）	保加利亚（19.4）
	罗马尼亚（21.1）	土耳其（5.7）	摩尔多瓦（13.5）	阿根廷（5.3）	法国（14.9）
	中国（7.4）	匈牙利（4.8）	乌克兰（2.8）	保加利亚（3.9）	罗马尼亚（8.3）
	保加利亚（6.8）	斯洛伐克（3.0）	匈牙利（2.4）	美国（3.1）	荷兰（5.7）

资料来源：UN Comtrade 数据库。

2. 葵花籽出口国流向分析

2019 年，葵花籽出口量居全球前五位的国家依次是罗马尼亚、保加利亚、俄罗斯、摩尔多瓦和哈萨克斯坦。从出口流向来看，罗马尼亚葵花籽出口目的国主要是法国、保加利亚、荷兰、土耳其和葡萄牙，第一出口目的国出口量占比 18.0%。保加利亚葵花籽主要出口至荷兰、德国和土耳其，对这三国的出口占比分别为 17.1%、12.8% 和 11.4%。俄罗斯、摩尔多瓦和哈萨克斯坦葵花籽出口流向相对集中，其中俄罗斯主要出口到土耳其，占比49.2%；摩尔多瓦主要出口至土耳其和罗马尼亚，对这两国的出口占比分别为44.0%和27.4%；哈萨克斯坦对乌兹别克斯坦、中国两国出口量占出口总量的96.4%（见表1-5）。

表1-5　2019年全球葵花籽主要出口国及流向　　　单位:%

出口国	罗马尼亚	保加利亚	俄罗斯	摩尔多瓦	哈萨克斯坦
流入国家及占比	法国（18.0）	荷兰（17.1）	土耳其（49.2）	土耳其（44.0）	乌兹别克斯坦（48.7）
	保加利亚（17.2）	德国（12.8）	保加利亚（12.5）	罗马尼亚（27.4）	中国（47.7）
	荷兰（16.9）	土耳其（11.4）	哈萨克斯坦（10.3）	保加利亚（15.1）	塔吉克斯坦（2.7）
	土耳其（14.7）	英国（8.1）	白俄罗斯（8.9）	希腊（2.6）	阿富汗（0.4）
	葡萄牙（11.3）	罗马尼亚（6.4）	中国（8.1）	乌克兰（2.5）	俄罗斯（0.3）

资料来源：UN Comtrade 数据库。

三、全球葵花籽油生产发展动态及结构特征

葵花籽含油率高达45%～54%。除部分食用和种用需求外，葵花籽主要用于榨油，油用加工比例占总产量的比例超过85%。近60年来，随着全球向日葵种植规模不断扩大，葵花籽油产量也随之增加。

（一）全球葵花籽油生产规模整体呈扩大趋势

自20世纪60年代以来，全球葵花籽油生产规模总体呈波动上升趋势。葵花籽油产量变动趋势与全球葵花籽产量变化保持高度一致。第一阶段（1961～1999年），全球葵花籽油产量平稳增长。这一时期全球葵花籽油产量从194.4万吨增至954.0万吨，增幅达390.3%，年均增长4.3%。第二阶段（2000～2014年），全球葵花籽油产量波动上升。受全球葵花籽及油脂价格波动影响，葵花籽生产出现明显波动，葵花籽油产量相应地呈现较大幅度年际间波动。这一时期产量从976.3万吨波动增至1613.1万吨，总量增幅达65.2%，年均增长3.7%。年际间产量最大增幅高达18.8%，最大减幅高达-15.5%。第三阶段（2015～2018年），全球葵花籽油产量持续增长。四年间，产量从1533.2万吨增至1840万吨，

增幅达 20.1%，年均增长 6.3%，高于前两个阶段年均增幅。葵花籽产量持续增长的原因：一是全球葵花籽产量持续增加；二是在全球经济增长和人口增加带动下，食用植物油消费量快速增加，葵花籽油消费拉动产出规模持续扩大（见图 1－4）。

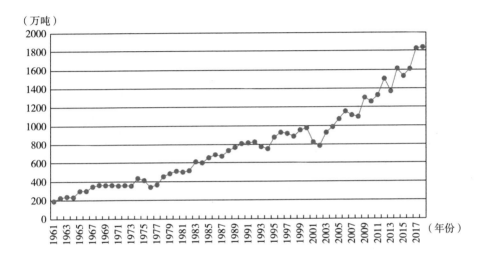

图 1－4　1961～2018 年全球葵花籽油产量变化

资料来源：FAO 数据库。

（二）全球葵花籽油主产区集中在原料主产区

全球葵花籽油生产分布与原料区域分布特征较为相似，主要集中在原料主产国（见表 1－6）。1991 年以前，苏联和阿根廷为世界葵花籽油主产区，1992 年苏联解体后，阿根廷、俄罗斯、乌克兰分别成为全球前三大主要生产国。自 2000 年以来，阿根廷葵花籽油产出能力逐渐下降，与此同时，乌克兰和俄罗斯葵花种植规模快速扩大，同时加工能力显著提升，两国葵花籽油合计产量占全球总产量的比重不断提高。2018 年，乌克兰和俄罗斯两国葵花籽产量占全球总产量的比例合计为 53.2%，与 2000 年相比，提高了 29.8 个百分点。阿根廷从全球葵花籽油生产第一大国逐渐退居到第三大国，产量由 2000 年的 215.8 万吨下降至 2018 年的 130.5 万吨，降幅达 39.5%。阿根廷葵花籽油产量不仅全球排名下滑，产量占全球总产量的比重下滑得也十分明显，由 2000 年的 22.1% 下降至 2018 年的

7.1%。中国葵花籽油产量呈现先增后减的趋势，占全球总产量的比重整体呈下滑趋势。近年来，土耳其向日葵产业发展速度也明显加快，葵花籽油产量明显增多，2018年达99.0万吨，与1980年的27.1万吨相比，增长了2.7倍。

表1-6 1980～2018年全球葵花籽油生产区域布局变迁特征

单位：万吨，%

1980 年			1990 年			2000 年		
国家	产量	占比	国家	产量	占比	国家	产量	占比
苏联	161.2	31.3	苏联	223.1	27.6	阿根廷	215.8	22.1
阿根廷	57.7	11.2	阿根廷	142.7	17.6	俄罗斯	131.2	13.4
罗马尼亚	30.9	6.0	法国	46.5	5.7	乌克兰	97.3	10.0
德国	30.5	5.9	中国	44.2	5.5	法国	60.9	6.2
中国	29.7	5.8	西班牙	40.8	5.0	中国	54.1	5.5
土耳其	27.1	5.3	印度	31.4	3.9	西班牙	48.5	5.0
西班牙	26.6	5.2	土耳其	31.1	3.8	土耳其	48.1	4.9
美国	22.4	4.4	匈牙利	29.8	3.7	美国	39.6	4.1
南斯拉夫	16.6	3.2	南非	24.0	3.0	罗马尼亚	29.2	3.0
保加利亚	15.6	3.0	罗马尼亚	21.8	2.7	荷兰	29.0	3.0
2005 年			2010 年			2015 年		
国家	产量	占比	国家	产量	占比	国家	产量	占比
俄罗斯	208.1	19.4	乌克兰	299.0	23.8	乌克兰	371.6	24.2
乌克兰	182.1	17.0	俄罗斯	255.2	20.3	俄罗斯	369.3	24.1
阿根廷	152.3	14.2	阿根廷	112.8	9.0	阿根廷	110.9	7.2
土耳其	53.1	4.9	土耳其	71.0	5.6	土耳其	81.7	5.3
中国	49.0	4.6	法国	56.8	4.5	中国	61.5	4.0
印度	47.5	4.4	中国	51.3	4.1	法国	56.6	3.7
法国	47.4	4.4	西班牙	43.6	3.5	匈牙利	54.9	3.6
西班牙	38.2	3.6	罗马尼亚	32.8	2.6	西班牙	48.3	3.2
罗马尼亚	36.8	3.4	南非	31.3	2.5	罗马尼亚	43.1	2.8
匈牙利	27.2	2.5	缅甸	27.7	2.2	保加利亚	31.8	2.1

续表

2016 年			2017 年			2018 年		
国家	产量	占比	国家	产量	占比	国家	产量	占比
乌克兰	442.4	27.5	乌克兰	535.5	29.3	乌克兰	514.9	28.0
俄罗斯	421.7	26.2	俄罗斯	464.5	25.4	俄罗斯	464.3	25.2
阿根廷	113.2	7.0	阿根廷	131.7	7.2	阿根廷	130.5	7.1
土耳其	73.1	4.5	土耳其	92.9	5.1	土耳其	99.0	5.4
匈牙利	70.0	4.3	匈牙利	74.2	4.1	匈牙利	69.4	3.8
法国	49.7	3.1	法国	53.0	2.9	法国	61.5	3.3
西班牙	42.2	2.6	保加利亚	46.1	2.5	西班牙	52.5	2.9
保加利亚	40.4	2.5	西班牙	45.9	2.5	罗马尼亚	51.5	2.8
罗马尼亚	36.6	2.3	罗马尼亚	43.6	2.4	保加利亚	48.7	2.6
中国	26.9	1.7	南非	29.1	1.6	南非	29.7	1.6

资料来源：FAO 数据库。

四、全球葵花籽油贸易发展动态及结构特征

（一）全球葵花籽油贸易快速发展，阶段性增长特征明显

自 1988 年以来，全球葵花籽油贸易保持增长态势，进出口贸易总量由 1988 年的 462.3 万吨上升至 2019 年的 2724.7 万吨，增长了 4.9 倍，年均增长率为 5.9%（见图 1-5）。具体可以分为两个阶段：第一阶段（1988~2005 年），全球葵花籽油贸易规模稳步提升，进出口贸易总量从 462.3 万吨增至 795.5 万吨，年均增幅 3.2%；第二阶段（2006~2019 年），全球葵花籽油贸易规模呈锯齿状波动上升态势，2006 年进出口贸易总量突破 1000 万吨，后波动增至 2019 年的 2724.7 万吨，年均增幅 7.6%。全球葵花籽油贸易量增长的主要驱动因素：一是全球经济增长、人口增加带来的食用植物油消费持续增加。二是葵花籽油具有一定的品质优势以及价格优势，主要国家进口需求明显增加。三是主要国家食用植物油多元化消费偏好逐渐显现，对葵花籽油需求不同程度增加。

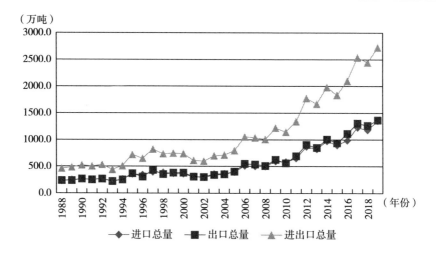

图 1 - 5 1988 ~ 2019 年全球葵花籽油进出口贸易规模变化情况

资料来源：FAO 数据库。

（二）全球葵花籽油进出口国别结构变迁

1. 葵花籽油进口国从中东等主要国家向亚洲人口大国转移

1995 ~ 2019 年，全球葵花籽油主要进口国从以伊朗、土耳其、墨西哥等国为主逐步转向以印度、中国、荷兰等国为主。从进口规模来看，全球葵花籽油主要进口国贸易规模均有所增加，中国、印度、荷兰、伊朗、土耳其等主要进口国进口规模分别增长了 938 倍、30 倍、9 倍、58.2% 和 98.0%。印度自 2010 年以来一直保持全球葵花籽油第一进口大国的地位，进口规模占比从 2010 年的 7.6% 提高至 2019 年的 18.0%。从进口区域分布来看，全球葵花籽油主要进口国分布越来越广，遍及美洲、亚洲、欧洲等地区，一方面显示全球葵花籽油贸易日趋活跃，另一方面也显示全球各地消费者对葵花籽油消费需求增加趋势明显（见表 1 - 7）。

2. 葵花籽油出口国主要集中在乌克兰、俄罗斯

自 1995 年以来，全球葵花籽油主要出口国从以阿根廷、法国、美国等国为主逐步转向以乌克兰、俄罗斯为主（见表 1 - 8）。2019 年，乌克兰、俄罗斯是全球两大葵花籽油出口国，两国的出口量分别为 531.8 万吨、309.7 万吨，占全球出口总量的比重合计为 61.5%。从区域分布来看，葵花籽油出口贸易主要集中在

欧洲国家，主要与葵花籽生产、葵花籽油加工上的地理区位优势有关。

表1-7　1995~2019年全球葵花籽油主要进口国别结构变迁

单位：万吨，%

1995 年			2000 年			2005 年		
国家	进口量	占比	国家	进口量	占比	国家	进口量	占比
伊朗	40.0	11.3	印度	53.1	14.9	荷兰	45.1	11.4
土耳其	30.6	8.6	阿尔及利亚	28.5	8.0	德国	24.8	6.3
墨西哥	29.1	8.2	墨西哥	16.8	4.7	法国	24.2	6.1
俄罗斯	26.9	7.6	英国	16.6	4.7	保加利亚	23.5	5.9
阿尔及利亚	26.2	7.4	埃及	16.0	4.5	西班牙	22.3	5.6
南非	18.4	5.2	俄罗斯	14.9	4.2	土耳其	20.4	5.2
2010 年			2015 年			2019 年		
国家	进口量	占比	国家	进口量	占比	国家	进口量	占比
印度	44.1	7.6	印度	150.2	16.8	印度	243.6	18.0
埃及	40.4	6.9	土耳其	79.8	8.9	中国	122.9	9.1
保加利亚	30.9	5.3	中国	65.1	7.3	荷兰	82.0	6.0
荷兰	29.9	5.1	荷兰	47.6	5.3	意大利	65.9	4.9
英国	27.7	4.8	伊拉克	43.3	4.8	伊朗	63.3	4.7
德国	26.8	4.6	意大利	36.9	4.1	土耳其	60.5	4.5

资料来源：FAO 数据库。

表1-8　1995~2019年全球葵花籽油主要出口国别结构变迁

单位：万吨，%

1995 年			2000 年			2005 年		
国家	出口量	占比	国家	出口量	占比	国家	出口量	占比
阿根廷	157.7	43.0	阿根廷	156.2	41.1	阿根廷	119.9	29.9
美国	47.1	12.8	乌克兰	58.3	15.3	乌克兰	85.2	21.3
法国	32.0	8.7	法国	28.0	7.4	荷兰	37.0	9.2
乌克兰	22.3	6.1	美国	23.4	6.2	俄罗斯	31.4	7.8
荷兰	17.2	4.7	俄罗斯	19.5	5.1	法国	24.2	6.0

续表

1995 年			2000 年			2005 年		
国家	出口量	占比	国家	出口量	占比	国家	出口量	占比
比利时	15.7	4.3	荷兰	19.1	5.0	匈牙利	14.0	3.5
伊朗	11.5	3.1	比利时	13.4	3.5	比利时	11.0	2.7
2010 年			2015 年			2019 年		
国家	出口量	占比	国家	出口量	占比	国家	出口量	占比
乌克兰	212.6	37.8	乌克兰	393.9	42.0	乌克兰	531.8	38.9
阿根廷	56.6	10.1	俄罗斯	144.4	15.4	俄罗斯	309.7	22.6
法国	40.3	7.2	土耳其	61.8	6.6	荷兰	61.8	4.5
荷兰	40.3	7.2	匈牙利	46.3	4.9	匈牙利	58.6	4.3
俄罗斯	39.8	7.1	阿根廷	42.9	4.6	阿根廷	56.8	4.2
匈牙利	22.7	4.0	荷兰	38.2	4.1	土耳其	54.5	4.0
罗马尼亚	14.7	2.6	法国	33.7	3.6	保加利亚	40.5	3.0

资料来源：FAO 数据库。

（三）全球葵花籽油贸易流向

1. 葵花籽油进口国流入来源分析

2019 年，葵花籽油进口量居于全球前列的国家有印度、中国、荷兰和意大利。这些国家的葵花籽油第一大进口来源国都是乌克兰，进口量分别为 206.6 万吨、86.6 万吨、43.8 万吨和 38.2 万吨，占比分别为 84.7%、70.4%、67.5% 和57.4%。这主要与乌克兰近年来大力发展葵花籽加工业有关，除乌克兰本国农业企业 Kernel 集团外，国际粮油巨头嘉吉、邦吉、中粮农业等纷纷在乌克兰建厂，葵花籽压榨能力不断提高（见表 1-9）。

表 1-9　2019 年全球葵花籽油主要进口国流入来源地　　　　单位：%

进口国	印度	中国	荷兰	意大利
流入国家及占比	乌克兰（84.7）	乌克兰（70.4）	乌克兰（67.5）	乌克兰（57.4）
	俄罗斯（8.5）	俄罗斯（17.4）	德国（9.0）	匈牙利（14.8）
	阿根廷（6.2）	哈萨克斯坦（2.9）	比利时（5.7）	荷兰（6.7）
	罗马尼亚（0.4）	土耳其（0.3）	匈牙利（4.5）	罗马尼亚（4.7）
	塞浦路斯（0.2）	西班牙（0.2）	西班牙（3.0）	斯洛文尼亚（3.6）

资料来源：UN Comtrade 数据库。

2. 葵花籽油出口流向分析

2019 年，葵花籽油出口量居全球前五位的国家依次是乌克兰、俄罗斯、荷兰、匈牙利和阿根廷。从出口流向来看，乌克兰葵花籽油出口目的国主要是印度、中国、荷兰、西班牙和伊拉克，第一出口目的国出口量占比 34.9%。俄罗斯葵花籽油主要出口至伊朗、土耳其和中国，对这三国的出口占比分别为 20.2%、16.4% 和 12.6%。荷兰葵花籽油主要出口到德国和比利时，对这两国的出口占比分别为 47.9% 和 31.1%。匈牙利葵花籽油主要出口至荷兰和德国，对这两国的出口占比分别为 30.7% 和 19.1%。阿根廷葵花籽油主要出口至印度和智利，对这两国的出口占比分别为 32.4% 和 16.7%（见表 1-10）。

表 1-10　2019 年全球葵花籽油主要出口国及流向　　　　单位:%

出口国	乌克兰	俄罗斯	荷兰	匈牙利	阿根廷
流向国家及占比	印度（34.9）	伊朗（20.2）	德国（47.9）	荷兰（30.7）	印度（32.4）
	中国（14.2）	土耳其（16.4）	比利时（31.1）	德国（19.1）	智利（16.7）
	荷兰（10.7）	中国（12.6）	英国（8.0）	意大利（7.9）	南非（9.8）
	西班牙（7.1）	埃及（8.7）	法国（3.7）	斯洛文尼亚（7.5）	巴西（7.6）
	伊拉克（6.5）	印度（7.8）	瑞典（2.4）	捷克（7.3）	马来西亚（4.8）

资料来源：UN Comtrade 数据库。

五、全球葵花籽及葵花籽油市场发展趋势分析

（一）全球葵花籽生产规模稳步扩大

从上述分析中可以看出，自 1961 年以来全球葵花籽生产规模虽然有波动，但整体仍呈上升趋势。考虑到全球葵花籽种植面积的增加、生产技术的进步以及单产水平的提高对葵花籽产量增加的拉动作用，再加上近年来消费者对葵花籽油的营养功能认知度越来越高，葵花籽油消费需求快速增长，未来全球葵花籽生产规模仍会继续扩大。

（二）全球葵花籽贸易集中度会有所降低

近年来，全球葵花籽需求稳步增加，国际贸易市场较为活跃。从葵花籽贸易结构中可以看出，全球葵花籽贸易主要集中在欧洲地区，同时贸易流向具有显著

的区域特征。随着中国、哈萨克斯坦、阿根廷等国家葵花籽贸易的快速发展，未来全球葵花籽贸易结构会更加多元化，传统优势市场的贸易规模占全球总贸易规模的比例会呈下降趋势，全球葵花籽贸易集中度也会随之降低。

（三）中国在全球葵花籽市场上的重要性日趋增强

从生产来看，中国是葵花籽生产大国，生产规模虽然与阿根廷、俄罗斯等国相比还有较大差距，但整体呈上升的趋势，目前产量全球排名第五位。从贸易来看，近年来葵花籽的出口量值已经超过了芝麻，成为中国出口食用油籽的第三大产品，中国葵花籽油进口逐年增多，已经成为全球第二大葵花籽油进口国。随着国内葵花籽产业的逐步发展壮大和国家"一带一路"倡议的稳步推进，可以预测中国葵花籽参与全球市场的程度将进一步提高。其中，食用葵花籽单产水平的提高将有利于促进食用葵花籽出口贸易更加活跃，而油用葵花籽及葵花籽油对进口依赖程度将不同程度提高。随着葵花籽及葵花籽油进出口贸易的日趋活跃，我国葵花籽产业受国际市场的影响程度也会越来越高，未来要警惕进出口贸易对国内葵花籽产业可能造成的影响，如油用葵花籽进口对我国油用葵花籽产业的冲击，进出口贸易国贸易政策调整对我国葵花籽及葵花籽油进出口的影响等。

（四）全球葵花籽油贸易规模将进一步扩大

随着居民收入的增加，膳食结构将进一步调整，人们对于健康饮食的关注度进一步提高，葵花籽油等健康油料作物势必会更频繁地走上餐桌。未来，欧盟、印度、中国、北非和中东等国家和地区葵花籽油等加工产品的需求量会继续增加，由此带动全球葵花籽油贸易规模的扩大。

第二节　全球芝麻生产与贸易发展情况

芝麻是重要的油料作物和经济作物之一，约占全球油料产量的 1.2%。芝麻籽粒平均含油量可达 50% 以上，富含油酸、亚油酸，还含有芝麻素、芝麻酚、植物蛋白等功能成分。目前芝麻在全球食品、油脂加工、医药化工及保健品加工方面具有广泛应用。自 20 世纪 60 年代以来，全球芝麻的生产和消费水平不断上升，国际贸易也得到了飞跃式发展。

一、全球芝麻生产发展动态及结构特征

（一）全球芝麻生产规模不断扩大

自20世纪60年代以来，全球芝麻种植面积和产量不断提高，尤其是进入21世纪以来，随着消费者对芝麻产品的健康认知度不断提高，带动了全球芝麻的消费需求，芝麻的种植面积和产量快速增长（见图1-6）。全球芝麻种植面积从1961年的496.3万公顷增加到2019年的1282.2万公顷，增长了1.6倍，年均增幅为1.6%，其中2000年之后的年均增幅为2.9%；总产量从1961年的142.0万吨增长到2019年的655.0万吨，增长了3.6倍，年均增幅2.7%，其中2000年以来产量年均增幅4.5%。随着农业生产技术的不断进步，全球芝麻单产水平也显著提高，由1961年的每公顷286.1千克上升到了2019年的510.8千克，提高了1.8倍，年均增幅为1.0%。

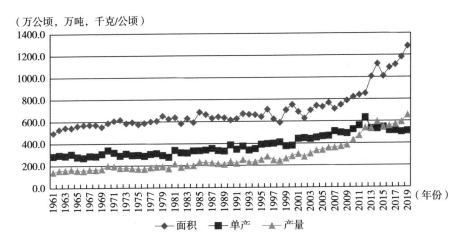

图1-6　1961~2019年全球芝麻种植面积、产量和单产变化

资料来源：FAO数据库。

（二）芝麻生产从亚洲和美洲地区逐渐向非洲地区转移

芝麻喜光热不耐渍，主要分布在世界热带地区以及部分温带地区。全球芝麻生产国家主要有亚洲的中国、印度、缅甸、巴基斯坦；非洲的埃塞俄比亚、苏丹、尼日利亚、布基纳法索、坦桑尼亚、莫桑比克、乌干达、乍得、喀麦

隆、尼日尔、马里;中南美洲的巴西、墨西哥和危地马拉。2019 年上述国家
芝麻生产总量为 603.2 万吨,占全球芝麻总产量的 92.1%。印度、中国、苏
丹、缅甸是全球传统四大芝麻主产国,2010 年以前,四国的芝麻产量约占全
球的 60% 以上,2019 年下降至 47.5%。反之,非洲地区主产国芝麻产量在全
球的占比不断攀升。

从 1980 年以来全球芝麻生产区域变迁来看,呈现从亚洲和美洲逐渐向非洲
转移的特征,尤其是近年来非洲地区的芝麻产量在全球芝麻总产量中所占比重上
升较为明显,芝麻种植面积的扩大已经是一种趋势,从政府到农户都鼓励或热衷
于芝麻种植。1980~2019 年,包括苏丹、尼日利亚、埃塞俄比亚、坦桑尼亚、
布基纳法索、乍得、乌干达、尼日尔、莫桑比克、喀麦隆、马里等国家在内的非
洲主要芝麻生产国芝麻产量从 39.7 万吨增长到 384.3 万吨,在全球芝麻总产量
中所占比重也从 22.9% 上升到 58.7%,产量年均增幅 6.0%。相比之下,亚洲和
美洲国家的芝麻产量在全球芝麻总产量中所占比重不断下降,其中亚洲地区芝麻
主产国中国、印度和缅甸的芝麻产量在全球所占比重从 1980 年的 47.0% 下降到
2019 年的 29.1%,仅缅甸的芝麻产量占比有所增加;美洲地区芝麻主产国墨西
哥和危地马拉的芝麻产量在全球芝麻总产量中所占比重也从 8.6% 下降到 1.5%,
种植规模不断缩小(见表 1 – 11)。

表 1 – 11   1980~2019 年全球芝麻生产区域布局变迁特征

单位:万吨,%

1980 年			1990 年			2000 年		
国家	产量	占比	国家	产量	占比	国家	产量	占比
印度	44.6	25.7	印度	83.5	35.1	中国	81.2	28.4
中国	26.0	15.0	中国	46.9	19.7	印度	51.8	18.1
苏丹	22.1	12.8	缅甸	20.7	8.7	缅甸	37.6	13.1
墨西哥	13.7	7.9	苏丹	8.0	3.4	苏丹	28.2	9.9
缅甸	11.0	6.3	乌干达	6.2	2.6	乌干达	9.7	3.4
委内瑞拉	5.7	3.3	墨西哥	6.0	2.5	尼日利亚	7.2	2.5
孟加拉国	4.8	2.8	委内瑞拉	5.1	2.1	巴基斯坦	5.1	1.8
尼日利亚	4.1	2.4	孟加拉国	4.9	2.0	墨西哥	4.1	1.4

续表

1980 年			1990 年			2000 年		
国家	产量	占比	国家	产量	占比	国家	产量	占比
索马里	3.8	2.2	索马里	4.5	1.9	坦桑尼亚	3.9	1.4
埃塞俄比亚	3.6	2.1	尼日利亚	4.4	1.8	泰国	3.9	1.4

2010 年			2015 年			2019 年		
国家	产量	占比	国家	产量	占比	国家	产量	占比
印度	89.3	20.7	印度	85.0	15.4	苏丹	121.0	18.5
缅甸	78.7	18.2	缅甸	82.8	15.0	缅甸	74.4	11.4
中国	58.8	13.6	坦桑尼亚	68.0	12.3	印度	68.9	10.5
埃塞俄比亚	32.8	7.6	中国	45.2	8.2	坦桑尼亚	68.0	10.4
苏丹	24.8	5.7	尼日利亚	43.3	7.8	尼日利亚	48.0	7.3
尼日利亚	14.9	3.5	苏丹	32.9	6.0	中国	46.9	7.2
坦桑尼亚	14.4	3.3	埃塞俄比亚	30.2	5.5	埃塞俄比亚	26.3	4.0
乍得	12.6	2.9	布基纳法索	23.5	4.3	乍得	17.0	2.6
乌干达	11.9	2.8	乍得	15.3	2.8	乌干达	14.4	2.2
布基纳法索	9.1	2.1	乌干达	14.5	2.6	巴西	12.8	2.0

资料来源：FAO 数据库。

（三）芝麻单产国别差异显著，中东地区单产水平较高

由于自然条件和资源禀赋的差异，芝麻主产国的单产水平也呈现较大差异，其中中东地区的芝麻单产水平较高。2019 年，黎巴嫩的芝麻单产为每亩 235.9 千克，居全球首位；阿富汗、沙特阿拉伯、塔吉克斯坦、乌兹别克斯坦、以色列和中国的芝麻单产超过 100 千克/亩，其他国家单产水平均在 100 千克/亩以下。中国的芝麻单产水平虽然在芝麻传统生产国中处于较高水平，但与中东国家相比依然存在较大差距，2019 年中国的芝麻单产为 107.9 千克/亩，不足黎巴嫩的一半（见表 1－12）。芝麻传统生产国缅甸、印度和苏丹的单产水平也普遍偏低，2016 年单产分别为每亩 33.0 千克、32.4 千克和 19.0 千克，均低于全球芝麻平均单产水平。

二、全球芝麻贸易发展动态及结构特征

全球芝麻贸易主要以原料贸易为主，油脂贸易量规模总体较小。近 20 年间，

全球芝麻贸易规模快速扩大，贸易结构呈现显著变化。

表1-12 2019年全球主要国家芝麻单产水平对比   单位：千克/亩

国家	单产
黎巴嫩	235.9
沙特阿拉伯	168.6
阿富汗	143.9
塔吉克斯坦	141.4
以色列	136.4
乌兹别克斯坦	117.8
中国	107.9
尼加拉瓜	95.2
埃及	90.5
喀麦隆	86.4
老挝	84.7

资料来源：FAO数据库。

（一）全球芝麻贸易规模呈现波动式上升趋势

20世纪80年代，全球芝麻出口量约为40万吨，约占全球芝麻总产量的20%，这期间中国芝麻出口量较多，约占全球贸易量的30%。20世纪90年代出口量上升至50万~67万吨，占总产量的20%~26%。进入21世纪以来，全球芝麻的进口量和出口量均不断增加，贸易规模总体呈现波动式增长的特征。2000~2019年，芝麻的进口量从69.4万吨增长至212.3万吨，增长了2.1倍，年均增长6.0%；出口量从65.4万吨增长至216.1万吨，增长了2.3倍，年均增长6.5%。

全球芝麻贸易总量整体呈现快速增长的同时，不同时期的阶段性特征也较为明显，根据贸易规模变化特征可以大体划分为三个阶段：第一阶段（2000~2007年），全球芝麻的进出口量处于一个相对稳定期，其中进口量为80万~120万吨，出口量不足100万吨。这一时期全球芝麻贸易结构发生了巨大变化，中国很快成为了芝麻主要进口国。第二阶段（2008~2015年），随着中国、印度等新兴发展中国家经济的快速发展，居民收入的提高和中产阶层的扩大刺激了对芝麻的消费需求，全球芝麻的进出口量进入一个波动增长时期，2010 年之后增速更加明显，2015 年进出口量分别达 187.2 万吨和 166.6 万吨。这期间，2014 年全球芝麻进出口额分别达 34.4 亿美元和 37.2 亿美元，创历史最高纪录。第三阶段（2016～2019 年），全球芝麻进出口量稳中有增。其中进口量由 187.2 万吨增至212.3 万吨，增幅为 13.4%；出口量由 166.6 万吨增至 216.1 万吨，增幅为29.7%（见图 1-7）。

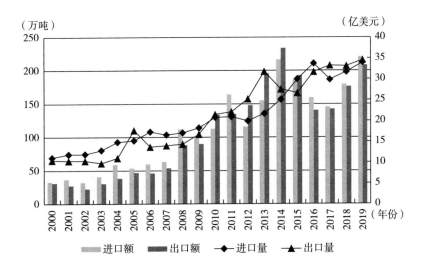

图 1-7　2000～2019 年全球芝麻的进出口规模和金额变化

资料来源：UN Comtrade 数据库（因数据不全，2015 年之后为 FAO 数据）。

（二）芝麻主要进口国和出口国分别向亚洲和非洲转移

由于消费需求的不断变化，全球芝麻的贸易结构也在发生变化，具体表现为全球主要芝麻进口国不断向亚洲地区集中，出口国逐渐向非洲地区转移。在芝麻进口国中，中国是芝麻进口量增长速度最快的国家，随着中国国内芝麻加工业的兴起，芝麻的消费需求逐年增加。据统计，近十年来中国芝麻消费总量以年均6.8% 的速度快速增长。2006 年中国超越日本成为全球最大的芝麻进口国，2019年芝麻进口量达 84.7 万吨，占全球芝麻进口总量的 39.9%，是 2010 年进口量的2.2 倍，年均增幅高达 9.0%。日本和韩国是传统的芝麻进口国，主要用于加工油制品和食品，芝麻年进口量分别在 16 万吨和 7 万吨上下波动，而且长期保持稳定。土耳其芝麻进口量稳步增加，年进口量由 2001 年的 3.8 万吨上升到 2019 年的 18.4 万吨，成为仅次于日本的全球第三大芝麻进口国。欧盟的芝麻进口量长期保持相对稳定，2015 年进口量为 13.5 万吨，十多年来没有大的变化。以色列、沙特阿拉伯、美国等国的芝麻进口量相对较小，除个别年份外基本保持在 5 万吨以下（见表 1-13）。

表 1-13 2001～2019 年全球芝麻进口国别结构变迁 单位：万吨，%

2001 年			2010 年			2015 年			2019 年		
国家	进口量	占比	国家	进口量	占比	国家	进口量	占比	国家	进口量	占比
日本	14.8	17.8	中国	39.1	27.8	中国	80.5	41.3	中国	84.7	39.9
欧盟	8.8	10.6	日本	16.1	11.5	日本	18.5	9.5	日本	18.6	8.8
韩国	7.7	9.3	欧盟	10.6	7.5	欧盟	13.5	6.9	土耳其	18.4	8.7
埃及	6.9	8.3	土耳其	10.2	7.3	土耳其	12.6	6.5	印度	13.6	6.4
美国	5.6	6.7	韩国	7.8	5.5	韩国	7.8	4.0	韩国	7.7	3.6
土耳其	3.8	4.6	叙利亚	5.2	3.7	以色列	6.1	3.1	沙特阿拉伯	7.3	3.4
荷兰	3.0	3.7	以色列	4.3	3.0	沙特阿拉伯	4.7	2.4	以色列	5.6	2.6
以色列	2.9	3.5	美国	3.7	2.6	德国	3.4	1.7	德国	3.4	1.6
叙利亚	2.9	3.5	希腊	3.1	2.2	希腊	3.3	1.7	美国	3.3	1.6
沙特阿拉伯	2.3	2.8	沙特阿拉伯	2.9	2.1	美国	3.3	1.7	约旦	3.3	1.6
全球	83.1	100.0	全球	140.6	100.0	全球	195.0	100.0	全球	212.3	100.0

资料来源：UN Comtrade 数据库（因 UN Comtrade 数据不全，2019 年为 FAO 数据）。

21 世纪以来，芝麻出口国别也出现结构上的变化，非洲地区成为全球芝麻出口量最大的地区，芝麻总产量的 90% 用于出口，占国际芝麻市场份额的 60% 以上。与此同时，亚洲地区芝麻传统出口国的出口量在全球芝麻出口总量中所占比重不断下降。

全球芝麻出口国别结构的变迁，主要受三方面因素影响：一是部分芝麻主产国的芝麻种植收益不断降低，生产规模出现萎缩，出口量不断减少。以中国为例，近年来主产区农户的芝麻种植收益低于玉米等其他农作物，导致生产规模和产量不断萎缩，受此影响，芝麻的出口量一度从 2001 年的 6.8 万吨减少到 2015 年的 3.1 万吨，在全球芝麻出口总量中所占比重从 10.4% 下降到 1.9%。随着国家对特色油料产业发展予以研发支持，近年来芝麻的产量和出口量有所恢复，但幅度有限。2019 年出口量恢复到 5.0 万吨，在全球芝麻出口总量中所占比重上升到 2.3%。二是随着中国和印度等芝麻主产国经济的崛起，芝麻的国内消费量不断增加，对出口形成了一定抑制。近年来，中印两国芝麻出口量在全球芝麻出口总量中所占比重均呈现逐年下降趋势，其中印度的芝麻出口量在全球芝麻出口总量中所占比重从 2001 年的 38.5% 下降到了 2019 年的 12.8%，下降了 25.7 个百分点。三是由于芝麻是劳动密集型农作物，具有劳动力投入大和机械化程度低的特征，所以全球芝麻生产区域逐渐向劳动力成本相对较低的非洲地区转移，成为非洲国家出口创汇的重要农产品之一。2001~2019 年，非洲国家在全球十大芝麻出口国的数量由 5 个增至 7 个，出口量所占比重由 31.9% 上升到 60.4%（见表 1-14）。

表 1-14　2001~2019 年全球芝麻出口国别结构变迁　　单位：万吨，%

2001 年			2010 年			2015 年			2019 年		
国家	出口量	占比	国家	出口量	占比	国家	出口量	占比	国家	出口量	占比
印度	25.3	38.5	印度	29.2	20.3	印度	30.4	18.3	苏丹	42.1	19.5
苏丹	11.9	18.1	尼日利亚	23.2	16.1	埃塞俄比亚	30.2	18.2	印度	27.6	12.8
中国	6.8	10.4	埃塞俄比亚	22.8	15.9	苏丹	29.6	17.8	尼日利亚	24.5	11.3
埃塞俄比亚	4.3	6.5	苏丹	17.7	12.3	布基纳法索	17.1	10.3	埃塞俄比亚	19.8	9.2
危地马拉	1.9	2.9	坦桑尼亚	6.6	4.6	坦桑尼亚	13.5	8.1	尼日尔	16.1	7.4
荷兰	1.8	2.7	布基纳法索	6.1	4.3	缅甸	7.9	4.7	坦桑尼亚	12.4	5.8
委内瑞拉	1.7	2.6	缅甸	4.6	3.2	乌干达	4.3	2.6	缅甸	10.1	4.7
墨西哥	1.7	2.6	老挝	4.5	3.1	中国	3.1	1.9	莫桑比克	8.4	3.9
坦桑尼亚	1.5	2.2	巴拉圭	3.6	2.5	危地马拉	3.0	1.8	布基纳法索	7.2	3.3
布基纳法索	1.4	2.2	中国	3.3	2.3	多哥	3.0	1.8	中国	5.0	2.3
全球	65.7	100.0	全球	143.8	100.0	全球	166.1	100.0	全球	216.1	100.0

资料来源：UN Comtrade 数据库（因 UN Comtrade 数据不全，2019 年为 FAO 数据）。

（三）全球芝麻贸易流向

1. 进口国流入来源分析

中国作为全球最大的芝麻进口国，进口来源国主要是非洲国家。以 2019 年芝麻进口为例，全年进口芝麻共计 81.2 万吨，其中来自非洲国家的芝麻进口量超过 78.5 万吨，约占进口总量的 96.6%。其中来自苏丹的进口量为 17.1 万吨，占进口总量的 21.1%，是我国芝麻的第一大进口来源国，来自尼日尔、埃塞俄比亚、坦桑尼亚和多哥的芝麻进口量均超过 10 万吨。除非洲国家外，也有少量芝麻进口自缅甸、印度和巴基斯坦等亚洲国家。

日本一直以来都是全球芝麻的传统进口国，早期芝麻进口主要来自中国，后来逐渐转向非洲国家，进口来源国主要有尼日利亚、布基纳法索、莫桑比克、埃塞俄比亚、坦桑尼亚、巴拉圭和亚洲的缅甸等国。2019 年日本进口芝麻共计 18.6 万吨，其中从尼日利亚进口芝麻 7.4 万吨，占进口总量的 39.6%，居于首位。其次是布基纳法索，进口量为 2.9 万吨，占进口总量的 15.6%。来自莫桑比克、埃塞俄比亚、坦桑尼亚、巴拉圭的芝麻进口量也在 1 万吨以上。除非洲国家外，也有部分芝麻进口来自亚洲国家和地区。

土耳其作为芝麻新兴进口国家，芝麻的进口主要来自非洲和亚洲地区，其中非洲地区占主要部分。2019 年土耳其进口芝麻共计 18.4 万吨，仅次于日本。其中从尼日利亚进口芝麻 8.3 万吨，占进口总量的 44.9%；从苏丹和乍得分别进口 3.7 万吨和 2.4 万吨，占进口总量的 19.8% 和 12.9%。此外，少量芝麻进口来自埃塞俄比亚、莫桑比克、索马利亚、乌干达、布基纳法索和印度等。

印度国内芝麻消费的增加带动了进口量的增长，2019 年芝麻进口量达到 13.6 万吨，超越韩国成为全球第四大芝麻进口国。印度芝麻进口主要来自非洲，包括苏丹、尼日利亚、索马里、多哥、布基纳法索、加纳等国。2019 年印度从苏丹进口芝麻 8.0 万吨，占进口总量的 59.3%；从尼日利亚和索马里分别进口芝麻 2.7 万吨和 1.4 万吨，占进口总量的 20.2% 和 10.2%。除非洲国家外，还有部分芝麻进口来自亚洲和欧洲国家（见表 1 - 15）。

表 1 - 15　2019 年全球芝麻主要进口国及流向　　　　　　单位:%

进口国	中国	日本	土耳其	印度
流向国家及占比	苏丹（21.1）	尼日利亚（39.6）	尼日利亚（44.9）	苏丹（59.3）
	尼日尔（19.1）	布基纳法索（15.6）	苏丹（19.8）	尼日利亚（20.2）
	埃塞俄比亚（13.8）	莫桑比克（8.2）	乍得（12.9）	索马里（10.2）

资料来源：UN Comtrade 数据库。

2. 出口国流向分析

苏丹作为新兴芝麻出口国，芝麻出口量 2017 年首次超过印度，成为全球芝麻第一出口国，主要出口中东和亚洲地区。2018 年苏丹芝麻出口总量为 25.2 万吨，其中出口中国 5.9 万吨，占出口总量的 23.4%；出口埃及和土耳其分别为 4.4 万吨和 2.4 万吨，占出口总量的 17.5% 和 9.6%。其次是沙特阿拉伯、印度、黎巴嫩、叙利亚、阿联酋、约旦等，出口量均在 1 万吨以上。

印度既是主要芝麻进口国，也是全球第二大芝麻出口国。虽然芝麻出口总量较大，但出口的国家和地区较为分散，出口集中度不高。2019 年印度的芝麻出口量为 27.6 万吨，其中韩国是印度芝麻的最大出口国，出口量为 2.0 万吨，仅占出口总量的 7.2%；其次是美国、越南、俄罗斯、荷兰、希腊、德国、印度尼西亚、伊朗、以色列等，出口量均在 2 万吨以下。

尼日利亚的芝麻出口主要集中于亚洲和欧洲。2019 年芝麻出口总量为 22.5 万吨，其中出口中国 7.5 万吨，占出口总量的 33.3%；出口日本和土耳其分别为 4.9 万吨和 4.1 万吨，占出口总量的 21.7% 和 18.3%。其次是越南、印度、墨西哥、荷兰、德国、波兰等，除越南外，出口量均在 1 万吨以下。

埃塞俄比亚芝麻出口主要集中于亚洲和中东地区。2019 年芝麻出口总量为 19.2 万吨，其中出口中国和以色列分别为 5.8 万吨和 5.4 万吨，占出口总量的 30.0% 和 28.1%；其次是越南、土耳其、阿联酋、日本、沙特阿拉伯等，出口量均在 2 万吨以下（见表 1 - 16）。

表 1 - 16　2019 年全球芝麻主要出口国及流向　　　　　单位:%

出口国	苏丹	印度	尼日利亚	埃塞俄比亚
流向国家及占比	中国 (23.4)	韩国 (7.2)	中国 (33.3)	中国 (30.0)
	埃及 (17.5)	美国 (6.9)	日本 (21.7)	以色列 (28.1)
	土耳其 (9.6)	越南 (6.4)	土耳其 (18.3)	越南 (8.4)

资料来源：UN Comtrade 数据库（因数据不全，苏丹、尼日利亚和埃塞俄比亚使用的是 2018 年出口数据）。

三、全球芝麻市场发展趋势判断

（一）全球芝麻生产规模不断扩大

芝麻既是营养丰富的滋补品，也是风味别致的调味品，曾被日本一些专家学者誉为"健康食品之王"，其制品芝麻油素有"油中之王"的美誉。随着消费者的健康消费理念不断提高，芝麻的营养价值日益被广大消费者所关注，市场消费需求和芝麻深加工业的不断发展将会有效刺激芝麻产业的发展。通过数据分析可以看出，1961 年以来全球芝麻的生产规模不断扩大，进入 21 世纪以来增长速度更为明显。随着科技的不断进步，芝麻的单产和机械化水平将会得到进一步提高，全球芝麻的生产规模有望进一步扩大。

（二）芝麻出口贸易集中度降低、进口贸易集中度提高

传统芝麻出口国的出口量在全球芝麻出口总量中所占比重不断降低，非洲国家的芝麻出口不断增加，芝麻的出口贸易集中度有所降低。同时，芝麻的进口国变化不大，但进口贸易集中度在不断提高。进入 21 世纪以来，芝麻进口贸易重心一直偏向亚洲地区，目前全球芝麻进口量约 60% 流向了亚洲地区，而且继续保持增长态势。中国是芝麻进口的主力军，2001 年以来芝麻进口量以年均 38.5% 的速度增长，市场消费需求对外依存度已达 70% 以上。虽然有部分年份中国国内芝麻产量和库存量有所增加，芝麻的进口量短期出现下滑，但长期来看，芝麻消费总体上升的趋势不会改变。

（三）芝麻的品种和加工用途日益多元化

国际市场芝麻主要分为油用和食用型两类。白、黑、黄、金黄等纯色芝麻作为食用型芝麻，主要供糕点、糖果、烘焙食品用；混合色芝麻主要供榨油用，统称油用型芝麻。据行业评估分析，目前全球芝麻产量约 55% 用于榨油，约 20% 脱皮用于食品加工，芝麻的加工制品已达 2600 多种。随着芝麻深加工业的不断发展，预计未来更多的芝麻将流向中高端食品和保健品市场，芝麻的用途也将日益走向多元化。

第三节　全球胡麻籽生产与贸易发展情况

胡麻是特色油料作物之一，在全球食用油籽总产量中占比相对较小（不足 1%），但因其具有丰富的营养价值和突出的保健功能，在全球市场中仍具有相对

稳定的消费市场。自 20 世纪 60 年代以来，全球胡麻籽种植规模、产量明显缩减。自 21 世纪以来，随着需求量的不断增加，胡麻籽的种植规模略有恢复，但仍处于低位。全球贸易量持续增加，贸易活跃度总体较高。

一、全球胡麻籽生产发展动态及结构特征

（一）全球胡麻籽种植规模缩减明显

自 20 世纪 60 年代以来，全球胡麻籽种植规模呈现波动缩减趋势。主要是由于胡麻籽产业整体萎缩，下游加工、消费发展缓慢，生产的比较效益低以及种植积极性下滑。进入 21 世纪后，随着市场需求的不断增加，全球胡麻籽的种植面积有所恢复。1961 ~ 2019 年，全球胡麻籽种植面积大幅下滑，收获面积由 750.5 万公顷下降至 322.4 万公顷，规模缩减了 57.0%，年均减幅为 1.4%。

在品种改良和育种技术推动下，全球胡麻籽单产水平提升明显，在很大程度上减缓了面积减少导致的产量下降幅度。近 60 年来，全球胡麻籽单产由 1961 年的 26.8 千克/亩增长到 2019 年的 63.5 千克/亩，增幅达 136.9%，年均增长率为 1.5%。在单产水平提高带动下，近十年产量呈现恢复性增长趋势。

受种植面积波动下降以及单产水平稳步提高影响，1961 ~ 2019 年，全球胡麻籽产量波动特征明显，总体维持在 200 万 ~ 300 万吨。2007 年，全球胡麻籽产量创下有史以来最低纪录的 165.8 万吨。此后近十年，在胡麻籽加工消费需求日益增加的带动下，全球产量逐步回升。2019 年，全球胡麻籽总产量为 306.8 万吨，比 2007 年增长了 85.0%，基本相当于 1961 年的产量水平（见图 1 - 8）。

（二）胡麻籽生产重心逐渐从美洲地区向亚洲、欧洲地区转移

全球胡麻籽种植主要集中在欧洲、亚洲和美洲区域。20 世纪 80 年代，胡麻籽生产主要集中在美洲地区的阿根廷、加拿大、美国，三国胡麻籽产量占全球比重达 61.0%，此外，印度、苏联、中国以及欧洲部分国家也是胡麻籽主要生产国。进入 20 世纪 90 年代后，加拿大胡麻籽生产快速发展，产量翻了一番，但阿根廷和美国胡麻籽产量缩减明显，分别退居第三和第六大生产国。美洲地区三大主产国产量占全球比重降至 51.2%。这一时期，中国胡麻籽生产发展迅速，产量从 20 世纪 80 年代末的 8 万吨增至 53.5 万吨，成为全球第二大胡麻籽生产国。

进入 21 世纪后，全球主要国家胡麻籽产量均不同程度萎缩，但胡麻籽主要产

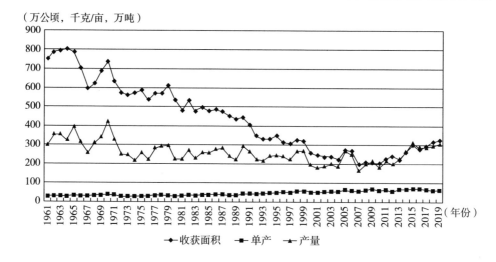

（万公顷，千克/亩，万吨）

→ 收获面积　■ 单产　▲ 产量

图1-8　1961～2019年全球胡麻籽种植面积、产量、单产变化情况

资料来源：FAO数据库。

出区域仍以美洲和亚洲为主，区域结构总体稳定。2000年，加拿大、美国、阿根廷三国产量合计占比达到51.0%；亚洲国家中，中国和印度分别为第二和第四大主产国，产量合计占比29.4%。自2005年以来，亚洲地区胡麻籽生产发展日益加快。除中国、印度外，哈萨克斯坦胡麻籽产出明显增加。此外，俄罗斯也逐渐成为胡麻籽生产供应大国。2010年，包括中国、俄罗斯、印度和哈萨克斯坦等亚欧大陆主要产出国胡麻籽产量合计达84.5万吨，占全球比重达46.6%；同期，美洲地区胡麻籽产量下降至68.5万吨，占全球比重降至37.8%，低于亚欧地区。2015年，俄罗斯胡麻籽产量仅次于加拿大，成为全球第二大胡麻籽产出国，产量达52.4万吨。与2010年相比，俄罗斯胡麻籽产量增加了34.6万吨，增长了194.4%。同期，亚洲主产国哈萨克斯坦胡麻籽产量也出现大幅增加，产量从9.5万吨增至49.1万吨，增长了4.2倍，成为全球第三大主产国。

2019年，哈萨克斯坦胡麻籽产量达到100.7万吨，是2015年的2.1倍，跃居世界首位。前十大主产国中，俄罗斯、中国、印度、哈萨克斯坦胡麻籽产量合计占比已高达68.6%，传统美洲三个主产国产量占比则继续下降至21.4%（见表1-17）。

表 1-17　1980~2019 年全球胡麻籽生产区域布局变迁特征　单位：万吨，%

1980 年			1990 年			2000 年		
国家	产量	占比	国家	产量	占比	国家	产量	占比
阿根廷	74.3	32.8	加拿大	88.9	30.4	加拿大	69.3	34.9
加拿大	44.2	19.5	中国	53.5	18.3	中国	34.4	17.3
印度	26.9	11.9	阿根廷	51.4	17.6	美国	27.3	13.7
美国	19.6	8.7	印度	32.6	11.1	印度	24.1	12.1
苏联	19.6	8.6	苏联	19.7	6.7	德国	9.1	4.6
中国	8.0	3.5	美国	9.7	3.3	阿根廷	4.7	2.4
乌拉圭	4.8	2.1	英国	7.0	2.4	英国	4.0	2.0
罗马尼亚	4.4	1.9	孟加拉国	4.8	1.6	法国	3.3	1.6
埃及	3.4	1.5	法国	3.6	1.2	俄罗斯	3.3	1.6
孟加拉国	3.3	1.5	埃塞俄比亚	3.4	1.2	埃塞俄比亚	3.2	1.6
2010 年			2015 年			2019 年		
国家	产量	占比	国家	产量	占比	国家	产量	占比
加拿大	42.3	23.3	加拿大	94.3	29.9	哈萨克斯坦	100.7	32.8
中国	35.3	19.4	俄罗斯	52.4	16.6	俄罗斯	65.9	21.5
美国	23.0	12.7	哈萨克斯坦	49.1	15.6	加拿大	48.6	15.8
俄罗斯	17.8	9.8	中国	40.0	12.7	中国	34.0	11.1
印度	15.4	8.5	美国	25.6	8.1	美国	16.2	5.3
哈萨克斯坦	9.5	5.2	印度	15.5	4.9	印度	9.9	3.2
英国	7.2	4.0	埃塞俄比亚	9.8	3.1	埃塞俄比亚	8.0	2.6
埃塞俄比亚	6.5	3.6	乌克兰	7.6	2.4	阿富汗	5.5	1.8
乌克兰	4.7	2.6	法国	4.3	1.4	法国	4.6	1.5
法国	3.6	2.0	英国	2.9	0.9	英国	2.7	0.9

资料来源：FAO 数据库。

（三）胡麻籽单产国别差异显著，欧洲地区单产水平普遍较高

受资源禀赋、气候条件、种植规模、机械化水平、品种差异等因素影响，世界各国胡麻籽单产水平差异较大。2019 年，南欧国家希腊胡麻籽单产居全球首位，达 233.3 千克/亩，突尼斯、吉尔吉斯斯坦、瑞士、法国、罗马尼亚、瑞典、英国等胡麻籽单产水平均超过 120 千克/亩，其他国家胡麻籽单产均在 100 千克/亩以下。从全球范围来看，欧洲国家胡麻籽单产水平普遍较高，2014 年，瑞士、英国和突尼斯三国胡麻籽单产曾高达 170 千克/亩。中国虽为全球第四大生产国，

但胡麻籽单产提升总体缓慢。2019 年，中国胡麻籽单产为 87.2 千克/亩，低于主产国加拿大单产水平，也远低于欧洲等单产较高的国家。主要生产国俄罗斯和哈萨克斯坦胡麻籽单产水平也处于较低水平，2019 年分别为 54.2 千克/亩和 53.9 千克/亩，未来随着单产水平的提高，两国胡麻籽产量仍有较大提升空间（见表 1－18）。

表 1－18　2019 年全球主要国家胡麻籽单产水平对比　　单位：千克/亩

国家	单产
希腊	233.3
突尼斯	209.0
吉尔吉斯斯坦	160.5
瑞士	142.3
法国	138.9
罗马尼亚	134.2
瑞典	130.9
英国	120.0
阿富汗	95.7
加拿大	95.5
埃及	95.2
匈牙利	92.2
新西兰	87.9
中国	87.2
波兰	86.6
俄罗斯	54.2
哈萨克斯坦	53.9

资料来源：FAO 数据库。

二、全球胡麻籽贸易发展动态及结构特征

（一）全球胡麻籽贸易规模呈波动上升趋势

进入 21 世纪以来，全球胡麻籽贸易规模呈现波动上升趋势。从总量来看，2001～2019 年，全球胡麻籽进口总量从 93.3 万吨增至 169.0 万吨，增幅达 81.1%，

年均增长 3.4%。胡麻籽贸易规模总体扩大的同时，阶段性特征也较为显著。

2001~2005 年，全球胡麻籽进口量维持在 95 万吨上下，总体稳定。这一时期，受需求拉动，全球胡麻籽价格稳步增加，胡麻籽进口额由 2.2 亿美元增加至 4.2 亿美元，增幅达 86.8%。2005~2011 年，受胡麻籽生产频繁波动影响，全球贸易量也随之大幅波动。这一时期，全球胡麻籽市场价格也出现剧烈波动，导致进出口额在 2008 年出现大幅增长，于 2009 年又大幅回落，贸易额同比增减幅度超过 50%。自 2012 年以来，随着全球胡麻籽生产规模小幅回升，全球胡麻籽贸易量也恢复增长趋势。至 2019 年，全球胡麻籽进口量增至 169.0 万吨，与 2012 年相比增长了 96.1%（见图 1-9）。

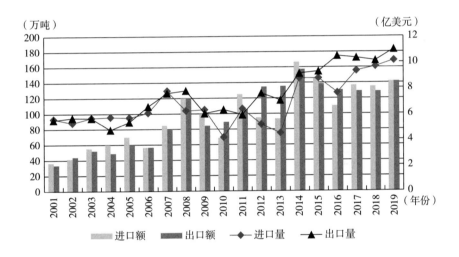

图 1-9　2001~2019 年全球胡麻籽出口贸易规模及金额变化

资料来源：UN Comtrade 数据库。

（二）全球胡麻籽进口地区集中在欧洲，出口国则是三足鼎立

受生产、消费结构变化影响，全球胡麻籽贸易区域变迁特征也较为鲜明。从进口国别区域结构变迁来看，主要体现为两个特征：一是欧洲始终保持全球胡麻籽进口主要地区的地位，但进口占比显著下降；二是中国进口显著增加，在全球贸易中占比逐渐提高。

长期以来，欧洲国家有消费胡麻籽的习惯，胡麻籽加工制品多添加在饼干、蛋糕、面包等食品中。生产布局以及消费习惯也促使胡麻籽在欧洲地区区域内贸

全球特色油料生产贸易与中国竞争力研究

易规模总体较大。2000 年，全球胡麻籽进口国主要集中在比利时、德国、荷兰等欧洲国家以及日本、美国等。2001～2020 年，比利时一直保持全球第一大胡麻籽进口国地位，进口胡麻籽数量从 39.8 万吨增至 47.4 万吨，特别是 2010 年以来，多数年份保持在 50 万～60 万吨；但进口量占全球胡麻籽进口总量比重从 42.3% 下降至 33.2%，减少了 9.1 个百分点，主要是由于中国及其他国家胡麻籽进口占比显著提高。

2001 年以前，中国进口胡麻籽极少，占全球进口总量比重不足 1%。2008 年以来，受经济稳步增长、人均收入水平显著提升以及健康消费理念日益普及等因素综合影响，中国市场对胡麻籽消费需求逐渐增加，但由于国内生产持续萎缩，胡麻籽产需缺口不断扩大，从国际市场进口胡麻籽量持续增加，中国成为全球主要进口国之一。2010 年，中国进口胡麻籽达 21.8 万吨，占全球进口总量的 17.9%，超过美国成为第二大胡麻籽进口国。此后，中国胡麻籽进口量继续增加，至 2020 年进口量达 37.3 万吨，占全球进口总量比重达 26.1%，比 2010 年提高了 8.2 个百分点。由于中国进口需求的高涨，全球胡麻籽贸易重心也逐渐从欧洲向亚洲地区部分转移（见表 1-19）。

表 1-19 2001～2020 年全球胡麻籽进口国别结构变迁 单位：万吨，%

2001 年			2010 年			2015 年			2020 年		
国家	进口量	占比	国家	进口量	占比	国家	进口量	占比	国家	进口量	占比
比利时	39.8	42.3	比利时	53.1	43.6	比利时	57.6	37.2	比利时	47.4	33.2
德国	19.6	20.9	中国	21.8	17.9	中国	36.0	23.3	中国	37.3	26.1
荷兰	12.6	13.4	美国	16.6	13.6	德国	17.0	11.0	德国	15.1	10.6
日本	5.3	5.6	德国	8.8	7.2	美国	13.6	8.8	波兰	11.1	7.8
美国	5.0	5.3	荷兰	4.4	3.6	荷兰	4.8	3.1	美国	11.0	7.7
法国	3.3	3.5	法国	3.0	2.4	波兰	3.8	2.4	荷兰	5.4	3.8
英国	2.6	2.7	意大利	2.2	1.8	土耳其	3.7	2.4	意大利	4.5	3.2
埃及	1.1	1.2	英国	1.3	1.0	法国	2.8	1.8	英国	1.6	1.1
意大利	1.0	1.1	巴西	1.1	0.9	意大利	2.6	1.7	捷克	1.0	0.7
丹麦	0.5	0.6	波兰	0.9	0.7	英国	1.4	0.9	瑞士	0.9	0.6
瑞士	0.4	0.5	丹麦	0.9	0.7	澳大利亚	1.3	0.9	埃及	0.8	0.6
合计	91.3	97.1	合计	113.9	93.5	合计	144.7	93.5	合计	136.1	95.4

资料来源：UN Comtrade 数据库。

从出口国别结构变迁来看，也呈现鲜明的特点：一是全球胡麻籽主要出口国家增加；二是胡麻籽出口由以美洲为主的格局转变为欧洲、美洲、亚洲三足鼎立的格局；三是俄罗斯、哈萨克斯坦等国出口量明显增加。

2001 年，全球胡麻籽出口国主要以加拿大、美国等美洲国家和欧洲国家为主，其中加拿大胡麻籽出口数量达 67.4 万吨，美国出口胡麻籽 6.1 万吨，两国合计出口量占比达 78.6%，也即全球超过 3/4 的胡麻籽由北美地区出口供应；欧洲主要国家如比利时、英国、荷兰、德国、法国等国胡麻籽出口量合计占比约为20%。2008 年以后，亚洲的哈萨克斯坦胡麻籽生产稳步发展，贸易量也随之增加。2010 年，哈萨克斯坦出口胡麻籽 2.7 万吨，成为全球第六大出口国；2015年出口量猛增至 29.3 万吨，占全球贸易量的 17.9%，成为仅次于加拿大和俄罗斯的第三大胡麻籽出口国；2019 年出口量超过加拿大，成为全球第二大胡麻籽出口国。同期，俄罗斯胡麻籽出口量也显著增加，由 2010 年的 8.8 万吨增至2019 年的 54.7 万吨，占全球贸易比重达 29.8%，成为全球最大胡麻籽出口国。哈萨克斯坦和俄罗斯出口量的增加得益于两国的地缘优势和成本优势，快速挤占了原本属于加拿大的欧洲胡麻籽市场。2001 ~ 2019 年，加拿大胡麻籽在全球出口占比由 72.1% 下降至 21.4%，下滑了 50.7 个百分点（见表 1 - 20）。

表 1 - 20　2001 ~ 2019 年全球胡麻籽出口国别结构变迁　单位：万吨，%

2001 年			2010 年			2015 年			2019 年		
国家	出口量	占比	国家	出口量	占比	国家	出口量	占比	国家	出口量	占比
加拿大	67.4	72.1	加拿大	70.5	59.6	加拿大	64.1	39.2	俄罗斯	54.7	29.8
比利时	7.3	7.8	比利时	12.7	10.8	俄罗斯	32.2	19.7	哈萨克斯坦	51.3	28.0
美国	6.1	6.5	俄罗斯	8.8	7.5	哈萨克斯坦	29.3	17.9	加拿大	39.2	21.4
英国	4.6	5.0	美国	5.9	5.0	比利时	21.1	12.9	比利时	11.2	6.1
荷兰	2.8	3.0	英国	4.8	4.1	乌克兰	2.9	1.8	波兰	8.3	4.6
德国	1.5	1.6	哈萨克斯坦	2.7	2.3	荷兰	2.9	1.8	立陶宛	3.7	2.0
法国	1.2	1.3	乌克兰	2.3	1.9	德国	2.0	1.2	荷兰	2.8	1.5
阿根廷	1.0	1.0	法国	2.0	1.7	英国	1.6	1.0	德国	2.2	1.2
丹麦	0.3	0.3	阿根廷	2.0	1.7	波兰	1.4	0.8	美国	1.4	0.8
捷克	0.3	0.3	荷兰	1.6	1.4	美国	1.3	0.8	法国	1.4	0.8
合计	92.5	98.9	合计	113.3	96	合计	158.8	97.1	合计	176.2	96.2

资料来源：UN Comtrade 数据库（2020 年出口数据不全，故用 2019 年数据）。

（三）全球胡麻籽贸易流向分析

1. 进口国流入来源分析

比利时为全球第一大胡麻籽进口国，同时也是胡麻籽大进大出的国家。突出表现为从全球主要国家进口胡麻籽后进口供应至欧洲其他国家。哈萨克斯坦是比利时胡麻籽首要进口来源国，2020 年，比利时自哈萨克斯坦进口胡麻籽占其进口总量的比重约为 35.2%；加拿大是比利时第二大进口来源国，进口占比约为 28.7%。此外，还有 28.5% 进口自俄罗斯。

中国目前为全球第二大胡麻籽进口国，进口的胡麻籽主要来自加拿大、哈萨克斯坦和俄罗斯。2013 年以前，中国胡麻籽近 99% 都来自加拿大，极少量来自俄罗斯、美国和新西兰。2014~2015 年中国仅从加拿大和美国进口胡麻籽，2016 年开始恢复从俄罗斯进口，且进口量迅速增加。2020 年自俄罗斯进口量占国内进口总量比重达 26.6%，从哈萨克斯坦进口比重达 33.5%，自加拿大进口的胡麻籽占比降至 39.7%，进口来源结构多元化的趋势特征更加明显。

德国是第三大胡麻籽进口国，进口来源地区主要为欧洲和中亚地区。其中，俄罗斯、哈萨克斯坦和波兰是主要进口来源国。2020 年，德国自三个国家进口的胡麻籽占本国胡麻籽进口总量比重分别为 30.3%、27.0% 和 11.2%。德国也从比利时和加拿大直接进口胡麻籽，但总量相对较少，占比分别为 9.2% 和 6.1%。

除比利时、中国和德国外，波兰也是全球胡麻籽进口国，但进口量总体较小，2020 年进口量为 11.1 万吨。其进口主要来自哈萨克斯坦和俄罗斯，也有少量来自乌克兰、加拿大和德国。2020 年，波兰自以上五个国家进口的胡麻籽占比分别为 67.4%、27.1%、1.5%、1.0% 和 0.7%（见表 1-21）。

表 1-21 2020 年全球胡麻籽主要进口国及流入来源地 单位：%

进口国	比利时	中国	德国	波兰
流入地及占比	哈萨克斯坦（35.2）	加拿大（39.7）	俄罗斯（30.3）	哈萨克斯坦（67.4）
	加拿大（28.7）	哈萨克斯坦（33.5）	哈萨克斯坦（27.0）	俄罗斯（27.1）
	俄罗斯（28.5）	俄罗斯（26.6）	波兰（11.2）	乌克兰（1.5）

资料来源：UN Comtrade 数据库。

2. 出口国流向分析

俄罗斯胡麻籽主要出口亚洲和欧洲地区。从主要国家来看，比利时、中国和蒙古是主要出口目标国，2019 年俄罗斯对三国出口贸易量占胡麻籽出口总量比重分别为 37.4%、36.0% 和 5.1%，剩余 21.5% 的胡麻籽出口至波兰、意大利、土耳其、拉脱维亚、埃及、德国、白俄罗斯等国。

哈萨克斯坦是第二大胡麻籽出口国，主要出口至欧亚地区。比利时、波兰和阿富汗是主要出口对象国，2019 年占哈萨克斯坦胡麻籽总出口量的 50.8%、15.8% 和 8.3%。剩余 25.1% 出口至德国、俄罗斯、蒙古、乌兹别克斯坦、中国、白俄罗斯等国。

加拿大的胡麻籽出口较为集中，主要出口至亚洲和北美地区。其中，对中国出口规模最大，2019 年对中国出口 20.8 万吨，占加拿大胡麻籽出口总量的 53.0%；其次是美国和比利时，占加拿大出口总量的 30.6% 和 9.1%。此外，加拿大也对日本、澳大利亚、墨西哥、秘鲁、哥伦比亚等国出口胡麻籽，除日本外，所占比重均不足 1%。

比利时是全球第四大胡麻籽出口国，主要向欧洲地区出口胡麻籽。但因其本国几乎不生产胡麻籽，胡麻籽出口主要来自进口，出口占进口总量比重接近 25%，其余约 75% 国内消费。荷兰、德国、英国、法国、丹麦等是比利时的出口目标国。2019 年，比利时出口至以上五国的胡麻籽占出口总量比重分别为 34.6%、23.3%、14.2%、13.7% 和 3.7%。中国自比利时进口的胡麻籽极少（见表 1 - 22）。

表 1 - 22　2019 年全球胡麻籽主要出口国及流向　　　　单位：%

出口国	俄罗斯	哈萨克斯坦	加拿大	比利时
流向国家及占比	比利时（37.4）	比利时（50.8）	中国（53.0）	荷兰（34.6）
	中国（36.0）	波兰（15.8）	美国（30.6）	德国（23.3）
	蒙古（5.1）	阿富汗（8.3）	比利时（9.1）	英国（14.2）

资料来源：UN Comtrade 数据库（2020 年出口数据不全，故用 2019 年数据）。

三、全球胡麻籽市场发展趋势判断

（一）全球胡麻籽消费需求稳步增加，有利于带动生产和贸易规模继续扩大

从 1961 年以来全球胡麻籽生产和贸易趋势看，尽管全球胡麻籽种植面积呈波动下降趋势，但在技术进步、品种改良的促进下，胡麻籽单产水平显著且持续提高，在很大程度上减缓了全球胡麻籽产量的下滑趋势。近十年来，在全球经济增长以及以中国为代表的发展中国家对胡麻籽的消费需求增长和消费能力提升的带动下，全球胡麻籽贸易规模、出口价格以及生产规模均不同程度提高。随着主要进口国经济增长、人口增加以及消费偏好的改变，预计全球胡麻籽贸易规模和生产规模将延续增长趋势。

（二）中国对国际胡麻籽市场保持较高依赖度

从消费趋势来看，近年来中国胡麻籽消费总量增速显著。2018 年，中国胡麻籽消费总量达 73.1 万吨，比 2010 年增长了 37.5%。胡麻籽在中国主要用于油用消费，西北地区居民有食用胡麻油的传统习惯。近年来，随着冷榨工艺的发展，冷榨胡麻籽油消费也在稳步增加。除油用外，胡麻籽在国内还有少量炒制加工食用消费需求。尽管目前胡麻籽油在食用植物油消费占比不足 1%，但随着居民对健康消费更加重视，胡麻籽油作为保健和健康食用植物油，在消费占比中将会有进一步提升的空间。从国内产出来看，中国是全球第四大胡麻籽生产国，但受比较效益偏低、种植规模小而分散以及机械化水平相对较低的影响，近年来中国胡麻籽生产规模持续萎缩，近五年胡麻籽产量维持在 40 万吨以下，国内自给率不足 50%。2020 年中国进口胡麻籽达 37.3 万吨，处于历史高位。未来相当长一段时间内，受资源禀赋限制、人口红利弱化和土地资源稀缺等因素影响，中国胡麻籽生产规模难以显著扩大，产需缺口将随着消费总量增加而相应扩大，未来对国际市场的依赖程度依然较高。

（三）全球胡麻籽贸易格局短期内保持不变，中国进口来源国日趋多元化

近十年来，全球胡麻籽生产、贸易结构变动显示出明显的区域性特征，突出表现为生产及贸易重心均向亚洲及周边国家转移。这一方面与中国作为消费大国对全球贸易格局的影响日益突进有直接关系，另一方面也与俄罗斯、哈萨克斯坦具备突出的资源禀赋优势和贸易区位优势有关。从全球胡麻籽消费趋势以及主要

消费国家产需缺口来看，未来一段时期内全球胡麻籽贸易结构会维持稳定格局，加拿大、俄罗斯和哈萨克斯坦将继续成为胡麻籽主要出口国家，欧洲、中国等主要国家和地区仍为主要进口国（地区）。在中国实施"一带一路"倡议背景下，未来与周边国家特别是俄罗斯和中亚地区的贸易合作将更加密切，中国及周边国家短期内将继续在全球胡麻籽贸易中占据重要地位，中国胡麻籽进口结构也有望趋于多元化。

第四节　全球油棕生产与贸易发展情况

油棕是全球油脂生产效率最高的油料。油棕单产水平较高，果粒富含油脂，加工制成的棕榈油广泛用于餐饮业、食品工业和油脂化工业等领域。随着全球经济稳步增长、人口增加以及生物质能源开发和加工技术日益成熟，棕榈油消费需求增长迅速，目前已成为全球最大的油脂贸易品种，与大豆油、菜籽油并称为"世界三大植物油"。

一、全球油棕①生产发展动态及结构特征

（一）全球油棕生产规模不断扩大

自 20 世纪 60 年代以来，全球油棕生产面积和产量不断增长（见图 1 - 10）。2000 年之后，全球对油棕的消费需求大幅增加，油棕的种植面积和产量增速进一步增加。1961~2019 年，全球油棕种植面积从 362.1 万公顷增加到 2831.3 万公顷，增长了 6.8 倍，年均增幅为 3.6%，其中 2000 年之后的年均增幅为 5.4%；总产量从 1363.6 万吨增长到 41069.7 万吨，增长了 29.1 倍，年均增幅为 6.1%，其中 2000 年之后的年均增幅为 6.7%。随着油棕生产种植技术不断提高，全球油棕单产水平不断上升，由 1961 年的每公顷 3765.8 千克增加到 2019 年的 14505.8 千克，增长了 2.9 倍，年均增幅为 2.4%。

---

① 数据条目为 FAO 数据库 Oil Palm Fruit，即油棕棕榈果。

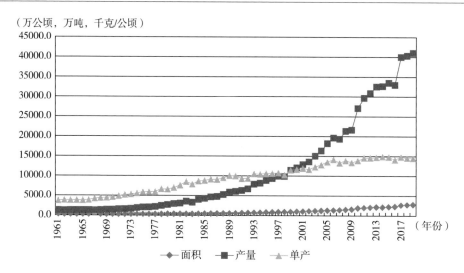

图1-10 1961~2019年全球油棕种植面积、产量和单产变化

资料来源：FAO数据库。

（二）全球油棕生产区域主要集中在东南亚

全球油棕生产区域相对集中，目前主要集中在东南亚区域和少部分西非国家（见表1-23），其中，印度尼西亚、马来西亚、泰国和尼日利亚等是油棕主要生产国。

表1-23 1980~2019年全球油棕生产区域布局变迁特征

单位：万吨，%

1980年			1990年			2000年		
国家	产量	占比	国家	产量	占比	国家	产量	占比
马来西亚	1280.0	42.9	马来西亚	3100.0	50.9	马来西亚	5660.0	46.9
尼日利亚	575.0	19.3	印度尼西亚	1115.2	18.3	印度尼西亚	3638.0	30.1
印度尼西亚	340.0	11.4	尼日利亚	620.0	10.2	尼日利亚	822.0	6.8
科特迪瓦	108.3	3.6	哥伦比亚	140.0	2.3	泰国	334.3	2.8
刚果	104.4	3.5	科特迪瓦	128.6	2.1	哥伦比亚	247.0	2.0
加纳	91.4	3.1	泰国	119.2	2.0	小岛屿发展中国家	168.3	1.4
喀麦隆	65.8	2.2	喀麦隆	105.0	1.7	美拉尼西亚	139.5	1.2

续表

1980 年			1990 年			2000 年		
国家	产量	占比	国家	产量	占比	国家	产量	占比
几内亚	60.0	2.0	刚果	102.5	1.7	厄瓜多尔	133.9	1.1
中国	48.0	1.6	小岛屿发展中国家	88.7	1.5	巴布亚新几内亚	124.5	1.0
哥伦比亚	38.1	1.3	加纳	85.0	1.4	科特迪瓦	113.4	0.9

2005 年			2010 年			2015 年		
国家	产量	占比	国家	产量	占比	国家	产量	占比
马来西亚	7480.0	41.0	印度尼西亚	14503.4	53.5	印度尼西亚	18336.5	54.7
印度尼西亚	7400.0	40.6	马来西亚	8309.1	30.7	马来西亚	9834.4	29.3
尼日利亚	850.0	4.7	泰国	822.7	3.0	泰国	1105.9	3.3
泰国	500.3	2.7	尼日利亚	800.0	3.0	尼日利亚	830.0	2.5
哥伦比亚	327.3	1.8	哥伦比亚	399.5	1.5	哥伦比亚	624.9	1.9
加纳	202.5	1.1	厄瓜多尔	285.0	1.1	厄瓜多尔	417.6	1.3
小岛屿发展中国家	181.0	1.0	小岛屿发展中国家	247.2	0.9	小岛屿发展中国家	293.9	0.9
厄瓜多尔	155.4	0.9	喀麦隆	220.0	0.8	美拉尼西亚	257.2	0.8
喀麦隆	145.0	0.8	美拉尼西亚	204.1	0.8	加纳	244.3	0.7
美拉尼西亚	145.0	0.8	加纳	200.4	0.7	巴布亚新几内亚	230.7	0.7

2017 年			2018 年			2019 年		
国家	产量	占比	国家	产量	占比	国家	产量	占比
印度尼西亚	23731.7	59.3	印度尼西亚	24089.4	59.7	印度尼西亚	24563.3	59.8
马来西亚	10174.1	25.4	马来西亚	9841.9	24.4	马来西亚	9906.5	24.1
泰国	1445.2	3.6	泰国	1553.5	3.9	泰国	1677.2	4.1
尼日利亚	910.0	2.3	尼日利亚	960.0	2.4	尼日利亚	1002.5	2.4
哥伦比亚	791.4	2.0	哥伦比亚	826.8	2.1	哥伦比亚	839.0	2.0
厄瓜多尔	327.6	0.8	小岛屿发展中国家	327.4	0.8	小岛屿发展中国家	337.9	0.8
小岛屿发展中国家	316.8	0.8	危地马拉	322.2	0.8	危地马拉	327.0	0.8
美拉尼西亚	278.7	0.7	美拉尼西亚	288.9	0.7	美拉尼西亚	299.1	0.7
危地马拉	272.1	0.7	厄瓜多尔	278.6	0.7	巴布亚新几内亚	268.2	0.7
巴布亚新几内亚	250.0	0.6	加纳	264.7	0.7	加纳	265.5	0.7

资料来源：FAO 数据库。

东南亚地区是全球油棕最大产区。东南亚地理条件优厚，属于热带雨林气候或热带季风气候，全年高温，雨水丰富，天然适于规模化种植油棕。近年来，东南亚区域的油棕树产量和面积逐年增加。印度尼西亚得益于较多和优质的土地，早期油棕种植面积增速比较稳定，2010 年油棕面积和产能超越马来西亚成为全球第一大棕榈果产出国。马来西亚油棕树种植面积约占其耕地面积一半以上，油棕是当地农业的主要支柱产业。20 世纪 90 年代后期，泰国油棕产量逐步增长，2019 年位居全球油棕产量第三。2019 年东南亚地区生产的油棕占全球产量的 88.0%。

西非是全球油棕第二大产区。西非区域油棕产量虽然也在逐年增长，但是与东南亚相比增长有限，油棕产量占全球比重逐年递减。尼日利亚油棕产量较其他国家增长幅度不大，世界产量占比由 1980 年的 19.3% 减少至 2019 年的 2.4%。

（三）全球单产水平总体逐年提高，东南亚地区单产优势明显

从主要地区和国家油棕单产水平来看，东南亚地区单产水平优势明显（见表 1-24）。2019 年世界油棕单产最高的五个国家分别是马来西亚、泰国、贝宁、危地马拉和印度尼西亚。其中，马来西亚油棕单产为 18989.6 千克/公顷，泰国油棕单产为 18712.5 千克/公顷，贝宁油棕单产为 18270.0 千克/公顷，危地马拉油棕单产为 17391.4 千克/公顷，印度尼西亚油棕单产为 16735.3 千克/公顷。尼日利亚虽然是油棕生产大国，但单产并不高，2019 年仅为 2547.7 千克/公顷。

表 1-24　2019 年全球主要国家油棕单产水平对比　单位：千克/公顷

国家	单产
马来西亚	18989.6
泰国	18712.5
贝宁	18270.0
危地马拉	17391.4
印度尼西亚	16735.3
哥伦比亚	16643.6
巴西	14555.8

续表

国家	单产
哥斯达黎加	14100.6
所罗门群岛	14043.1
喀麦隆	13970.9
墨西哥	13962.5

资料来源：FAO 数据库。

从主要国家油棕变动情况来看，贝宁油棕单产水平增长最快，2010 年单产水平仅为 9444.4 千克/公顷，2019 年油棕单产水平增长至 18270.0 千克/公顷，增长了 93.4%（见图 1-11）。贝宁虽然单产水平较高，但由于种植面积有限，因此在全球油棕产量影响力有限。泰国的单产水平逐年提高。马来西亚和印度尼西亚油棕种植历史悠久，生产工艺和种植技术比较成熟，单产一直处于较高水平。

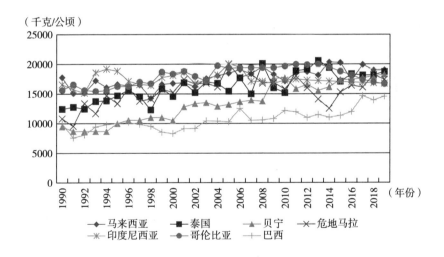

图 1-11　1990~2019 年全球油棕部分生产国单产水平变化

资料来源：FAO 数据库。

二、全球棕榈油生产发展动态及结构特征

油棕果粒富含油脂，但因不耐储藏和远距离运输，产出后基本在本地加工成

棕榈油，不以果粒原料形式进行贸易。油棕产油效率极高，棕榈果含油率高达45%~50%，棕榈仁经过压榨也可以加工成油脂。目前，棕榈油是全球第一大油脂。

（一）全球棕榈油生产规模稳步扩大

自20世纪60年代以来，随着油棕生产种植技术不断提高和棕榈油加工工艺不断提升，全球棕榈油产量不断增长。1961~2018年，全球棕榈油产量从147.96万吨增长到7146.86万吨，增长了47.3倍，年均增幅为7.04%，其中1984年之后的年均增幅为7.15%。

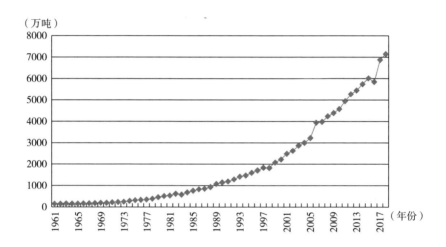

图1-12　1961~2018年全球棕榈油产量变化

资料来源：FAO数据库。

（二）全球棕榈油主产国以东南亚国家为主

全球棕榈油生产区域相对集中，目前主要集中在东南亚区域和少部分非洲与南美洲国家，其中，印度尼西亚、马来西亚、泰国、哥伦比亚和尼日利亚等是棕榈油主要生产国。

东南亚区域油棕种植历史悠久，热带雨林气候或热带季风气候适于规模化种植油棕。油棕出油率高，经济效益优势明显，生产加工工艺不断改进。近30年来，随着东南亚区域的油棕产量和面积逐年增长，棕榈油的产量也不断增加。

2018 年，印度尼西亚、马来西亚和泰国的棕榈油产量分别为 4056.7 万吨、1951.6 万吨和 277.7 万吨，全球占比分别为 56.76%、27.31% 和 3.89%。三个国家的棕榈油总产量占全球的 87.96%。印度尼西亚油棕种植土地条件优厚，油棕种植面积稳定增长，这是印度尼西亚棕榈油产量不断增加的主要原因。马来西亚高度重视棕榈油加工带来的巨大经济效益，棕榈油一直是其重点发展产业和出口支柱产业。20 世纪 90 年代后期，泰国棕榈油产量逐步增加，2018 年位居全球油棕产量前三，但是与其他两国棕榈油产量相比差距较大。

哥伦比亚分布在南美洲北部。近 30 年来，哥伦比亚棕榈油产量逐年增加，1990 年棕榈油产量仅有 25.2 万吨，全球占比 2.20%；2018 年棕榈油产量为 164.6 万吨，全球占比 2.30%。哥伦比亚虽然产量在增加，但与东南亚棕榈油主要生产国相比增加有限，所以棕榈油生产全球占比总体不高。

尼日利亚分布在西非区域。整体来看，尼日利亚棕榈油产量增长缓慢，2018 年棕榈油产量仅 113.0 万吨，比 1980 年增加 48 万吨。随着东南亚主要棕榈油生产国产量快速增加，尼日利亚棕榈油全球占比由 1980 年的 12.79% 下降至 2018 年的 1.58%（见表 1-25）。

表 1-25 1980~2018 年全球棕榈油生产区域布局变迁特征

单位：万吨，%

1980 年			1990 年			2000 年		
国家	产量	占比	国家	产量	占比	国家	产量	占比
马来西亚	257.3	50.62	马来西亚	609.5	53.23	马来西亚	1084.2	48.78
印度尼西亚	72.1	14.19	印度尼西亚	241.3	21.07	印度尼西亚	700.1	31.49
尼日利亚	65.0	12.79	尼日利亚	73.0	6.38	尼日利亚	89.9	4.04
科特迪瓦	18.9	3.72	哥伦比亚	25.2	2.20	泰国	57.9	2.60
刚果（金）	16.8	3.31	科特迪瓦	25.0	2.19	哥伦比亚	52.4	2.36
2005 年			2010 年			2015 年		
国家	产量	占比	国家	产量	占比	国家	产量	占比
马来西亚	1496.2	46.37	印度尼西亚	2195.8	47.96	印度尼西亚	3107.0	51.71
印度尼西亚	1186.2	36.76	马来西亚	1699.4	37.12	马来西亚	1996.2	33.22

续表

2005 年			2010 年			2015 年		
国家	产量	占比	国家	产量	占比	国家	产量	占比
尼日利亚	117.0	3.63	泰国	128.8	2.81	泰国	206.8	3.44
泰国	78.4	2.43	尼日利亚	97.1	2.12	哥伦比亚	127.5	2.12
哥伦比亚	67.3	2.08	哥伦比亚	75.3	1.64	尼日利亚	94.0	1.56
2016 年			2017 年			2018 年		
国家	产量	占比	国家	产量	占比	国家	产量	占比
印度尼西亚	3173.1	54.36	印度尼西亚	3796.5	55.27	印度尼西亚	4056.7	56.76
马来西亚	1731.9	29.67	马来西亚	1991.9	29.00	马来西亚	1951.6	27.31
泰国	180.4	3.09	泰国	259.7	3.78	泰国	277.7	3.89
哥伦比亚	114.6	1.96	哥伦比亚	162.8	2.37	哥伦比亚	164.6	2.30
尼日利亚	96.0	1.64	尼日利亚	104.0	1.51	尼日利亚	113.0	1.58

资料来源：FAO 数据库。

三、全球棕榈油贸易发展动态及结构特征

由于油棕种植成本低，同时产油率高，因此在全球油料油脂加工消费和贸易中具有极强的竞争力。近年来，棕榈油广泛用于生物质能源开发和利用，消费量快速增加，全球贸易也高度活跃。目前，棕榈油是全球贸易量最大的油脂。

（一）全球棕榈油贸易规模呈现波动式上升趋势

自 1988 年以来，全球棕榈油贸易快速发展。国际贸易量由 1988 年的 136.6 万吨上升至 2020 年的 8006.9 万吨，增长了 57.6 倍，年均增长率为 13.6%（见图 1 - 13）。具体可以分为三个阶段：第一阶段（1988 ~ 2002 年），全球棕榈油贸易规模快速扩张，进出口贸易总量从 136.6 万吨增至 3290.6 万吨，年均增长率达 12.3%；第二阶段（2003 ~ 2008 年），全球棕榈油贸易规模加速扩张，进出口贸易总量由 2785.7 万吨增至 7058.8 万吨，年均增长率达 20.4%；第三阶段（2009 ~ 2020 年），全球棕榈油贸易呈波动增长的趋势，受波动增长的影响，此阶段进出口贸易总量年均增长率仅为 2.0%。

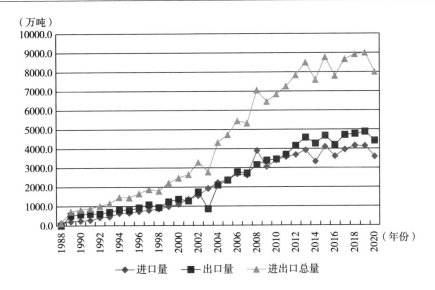

图 1 – 13　1988 ~ 2020 年全球棕榈油进出口贸易规模变化情况

资料来源：UN Comtrade 数据库。

全球棕榈油贸易总量快速增长的同时，贸易总额也呈现爆发式增长。国际贸易进出口总额由 1988 年的 26.5 亿美元上升至 2020 年的 575.1 亿美元，增长了 20.7 倍，年均增长率为 10.4%（见图 1 – 14）。具体可以分为三个阶段：第一阶段（1989 ~ 2004 年），全球棕榈油进出口总额平稳增长，进出口贸易总额从 26.5 亿美元增至 207.6 亿美元，年均增长率达 14.7%；第二阶段（2005 ~ 2011 年），全球棕榈油贸易进出口总额加速扩张，进出口贸易总量由 201.3 亿美元增至 812.1 亿美元，年均增长率达 26.2%；第三阶段（2012 ~ 2020 年），全球棕榈油进出口总额呈波动下降趋势，进出口贸易总量由 783.1 亿美元下降至 575.1 亿美元，此阶段进出口总额年均降幅为 3.8%。

（二）棕榈油主要进口国集中在亚洲，主要出口国集中在东南亚

受油棕生产条件、自然资源禀赋限制和消费结构影响，世界棕榈油贸易区域从 20 世纪 90 年代以来一直比较稳定。

棕榈油进口主要集中在中国、印度、巴基斯坦和荷兰等国。中国和印度始终居于棕榈油进口的前两位，两国进口量加起来超过全世界进口总量的 30%。1995 ~ 2020 年，中国的棕榈油进口量从 139.7 万吨增至 646.1 万吨，增加了 506.4 万吨，

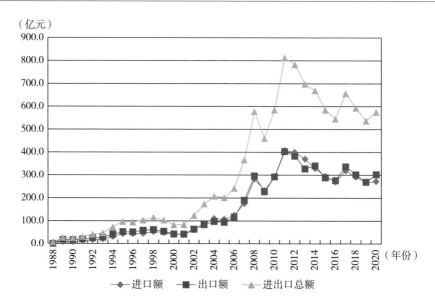

图1-14 1988～2020年全球棕榈油进出口贸易额变化情况

资料来源：UN Comtrade 数据库。

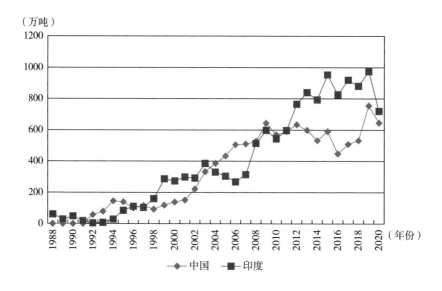

图1-15 1988～2020年中国和印度棕榈油进口量变化情况

资料来源：UN Comtrade 数据库。

进口量占全球棕榈油进口总量比重则从 21.2% 下降到 18.0%，减少了 3.2 个百分点。印度棕榈油进口量从 85 万吨增至 720.3 万吨，增加了 635.3 万吨，进口量占全球棕榈油进口总量比重则从 12.9% 增长到 20.1%，增加了 7.2 个百分点。2010 年之前，中国和印度的进口量排名交替第一，2011 年开始印度的进口量开始超过中国，成为世界第一棕榈油进口大国。

除中国和印度外，亚洲其他国家棕榈油的进口量也在不断增加（见表 1-26）。2005～2020 年，巴基斯坦棕榈油进口量从 172.3 万吨增加至 308.4 万吨，增加了 136.1 万吨，进口量占全球棕榈油进口总量比重从 7.2% 增长到 8.6%，增加了 1.4 个百分点。日本在 1995 年进口量占全球棕榈油进口总量比重为 5.3%，随着世界棕榈油进口量突飞猛进，日本进口量虽总体增加，但占全球棕榈油进口总量比重越来越小，逐渐退出主要进口国。2005～2015 年，孟加拉国棕榈油进口量从 111.4 万吨增至 281.6 万吨，进口量占全球棕榈油进口总量比重从 4.7% 增至 6.9%。

表 1-26　1995～2020 年全球棕榈油主要进口国别结构变迁

单位：万吨，%

1995 年			2000 年			2005 年		
国家	进口量	占比	国家	进口量	占比	国家	进口量	占比
中国	139.7	21.2	印度	273.3	24.6	中国	433.0	18.2
印度	85.0	12.9	中国	139.1	12.6	印度	303.7	12.8
荷兰	44.9	6.8	英国	74.7	6.7	巴基斯坦	172.3	7.2
德国	38.2	5.8	荷兰	62.4	5.6	荷兰	154.8	6.5
英国	37.7	5.7	德国	50.5	4.5	孟加拉国	111.4	4.7
日本	35.1	5.3	日本	37.3	3.4	德国	89.8	3.8
2010 年			2015 年			2020 年		
国家	进口量	占比	国家	进口量	占比	国家	进口量	占比
中国	569.6	16.8	印度	953.6	23.3	印度	720.3	20.1
印度	543.6	16.0	中国	590.9	14.4	中国	646.1	18.0
荷兰	197.5	5.8	孟加拉国	281.6	6.9	巴基斯坦	308.4	8.6
巴基斯坦	193.9	5.7	巴基斯坦	251.9	6.1	荷兰	268.5	7.5
孟加拉国	183.5	5.4	荷兰	248.2	6.1	西班牙	195.2	5.4
德国	143.8	4.2	意大利	164.1	4.0	意大利	167.7	4.7

资料来源：UN Comtrade 数据库。

从出口国别结构来看（见表 1 - 27），棕榈油主要出口国集中在东南亚。与棕榈油最大的进口国中国和印度对应，全球棕榈油最大的两个出口国为印度尼西亚和马来西亚。两国的出口量垄断了全球棕榈油出口量的 85% 以上，在棕榈油出口市场占据举足轻重的地位。

表 1 - 27 1995～2020 年全球棕榈油主要出口国别结构变迁

单位：万吨，%

1995 年			2000 年			2005 年		
国家	出口量	占比	国家	出口量	占比	国家	出口量	占比
马来西亚	549.6	69.5	马来西亚	763.7	55.9	马来西亚	1065.3	45.3
印度尼西亚	126.5	16.0	印度尼西亚	411.0	30.1	印度尼西亚	1037.6	44.1
中国	26.1	3.3	巴布亚新几内亚	44.8	3.3	荷兰	65.8	2.8
荷兰	22.0	2.8	荷兰	41.7	3.1	德国	24.5	1.0
科特迪瓦	16.7	2.1	新加坡	17.4	1.3	新加坡	22.8	1.0
新加坡	12.0	1.5	哥伦比亚	9.8	0.7	哥伦比亚	18.4	0.8
哥斯达黎加	6.7	0.9	哥斯达黎加	9.6	0.7	科特迪瓦	13.3	0.6
2010 年			2015 年			2020 年		
国家	出口量	占比	国家	出口量	占比	国家	出口量	占比
印度尼西亚	1629.2	47.3	印度尼西亚	2646.8	56.6	印度尼西亚	2593.5	58.7
马来西亚	1473.3	42.7	马来西亚	1542.5	33.0	马来西亚	1457.5	33.0
荷兰	116.8	3.4	荷兰	135.2	2.9	荷兰	127.5	2.9
德国	25.1	0.7	危地马拉	47.1	1.0	危地马拉	74.0	1.7
科特迪瓦	20.1	0.6	德国	44.3	1.0	德国	31.0	0.7
新加坡	18.3	0.5	哥伦比亚	40.4	0.9	泰国	21.9	0.5
洪都拉斯	17.3	0.5	洪都拉斯	33.6	0.7	土耳其	18.0	0.4

资料来源：UN Comtrade 数据库。

1995～2020 年，印度尼西亚的棕榈油出口量从 126.5 万吨增至 2593.5 万吨，增加了 2467 万吨，出口量占全球棕榈油出口总量比重从 16.0% 增长到 58.7%，提高了 42.7 个百分点。马来西亚的棕榈油出口量从 549.6 万吨增至 1457.5 万吨，增加了 907.9 万吨，出口量占全球棕榈油出口总量比重从 69.5% 下降到 33.0%，减少了 36.5 个百分点。对比两国可以看出马来西亚棕榈油产业发展较早,棕榈油出口量稳定增长,但是种植面积限制了棕榈油生产加工和出口;而印度尼西亚大力发展棕榈油产业,持续增加油棕种植面积,提高油棕种植技术,在2010年的出口量超过马来西亚,成为世界第一大棕榈油出口国。

(三)全球棕榈油贸易流向

1. 进口国流入来源分析

2020年,棕榈油进口量居全球前五位的国家依次是印度、中国、巴基斯坦、荷兰和西班牙,这五个国家的棕榈油总进口量占全球棕榈油进口总量的59.6%。这五个国家中除了荷兰第一大进口来源国是马来西亚以外,其他国家的第一大进口来源国都是印度尼西亚(见表1-28)。具体来看,2020年,印度进口棕榈油720.3万吨,其中从印度尼西亚进口棕榈油457.8万吨,占比63.6%;从马来西亚进口棕榈油213.2万吨,占比29.6%。中国进口棕榈油646.1万吨,从印度尼西亚和马来西亚分别进口374.7万吨和269.9万吨,两者合计占比99.8%。巴基斯坦棕榈油进口量为308.4万吨,两大进口来源国是印度尼西亚和马来西亚,从两国进口总量308.3万吨,占比接近100.0%。荷兰进口来源国相对分散,主要的进口国有六个,从马来西亚进口棕榈油80.0万吨,占比29.8%,从印度尼西亚进口70.0万吨,占比26.1%;从巴布亚新几内亚、洪都拉斯和哥伦比亚三国共进口85.4万吨,占比31.9%。西班牙棕榈油的第一进口来源国是印度尼西亚,进口量129.6万吨,占比66.4%。

表1-28 2020年全球棕榈油主要进口国流入来源地   单位:%

进口国	印度	中国	巴基斯坦	荷兰	西班牙
流入国家及占比	印度尼西亚(63.6)	印度尼西亚(58.0)	印度尼西亚(76.7)	马来西亚(29.8)	印度尼西亚(66.4)
	马来西亚(29.6)	马来西亚(41.8)	马来西亚(23.3)	印度尼西亚(26.1)	马来西亚(9.7)
	新加坡(3.9)	巴布亚新几内亚(0.2)	—	巴布亚新几内亚(14.8)	危地马拉(9.5)
	泰国(2.1)	泰国(0.0)	—	洪都拉斯(9.3)	哥伦比亚(6.8)
	尼泊尔(0.6)	菲律宾(0.0)	—	哥伦比亚(7.8)	洪都拉斯(3.5)

资料来源:UN Comtrade 数据库。

2. 出口国流向分析

2020 年，棕榈油主要出口国家是印度尼西亚和马来西亚，这两个国家的棕榈油出口总量占全球棕榈油出口总量的 91.8%（见表 1 - 29）。从出口流向来看，印度尼西亚和马来西亚棕榈油出口目的国较为分散，第一出口目的国出口量占比均在 20% 以下。印度尼西亚主要出口至印度、中国、巴基斯坦、西班牙、马来西亚和孟加拉国，马来西亚主要出口至印度、中国、荷兰、巴基斯坦、菲律宾和肯尼亚。

表 1 - 29　2020 年全球棕榈油主要出口国及流向　　　　　单位:%

出口国	印度尼西亚	马来西亚
流向国家及占比	印度（17.6）	印度（17.8）
	中国（15.0）	中国（12.2）
	巴基斯坦（9.6）	荷兰（6.6）
	西班牙（4.3）	巴基斯坦（6.0）
	马来西亚（4.2）	菲律宾（4.6）
	孟加拉国（4.0）	肯尼亚（3.5）

资料来源：UN Comtrade 数据库。

四、全球油棕及棕榈油市场发展趋势判断

（一）全球油棕种植规模和棕榈油贸易规模不断扩大

近年来，受益于高生产效率和突出的价格优势，棕榈油在食用植物油市场中消费占比日益提高，同时也取代了化工产品中添加的动物性油脂成分，促使全球棕榈油消费持续稳步增加。这在很大程度上带动了全球主要国家不断扩大油棕种植规模。考虑到全球油棕种植面积的增加、生产技术的进步以及单产水平的提高对油棕产量增加的拉动作用，再加上近年来主要棕榈油进口国进出口规模不断扩大，棕榈油消费需求快速增长，预计未来全球油棕生产规模势必会继续扩大。

（二）全球油棕生产贸易格局短期内维持相对稳定

从生产格局来看，印度尼西亚、马来西亚和泰国大多位于赤道附近，气候条件和自然地理条件优越，突出的资源禀赋优势决定了这些国家发展油棕产业巨大

的比较优势。此外，这些国家的经济发展水平和技术水平不断提高，种植油棕和加工油脂的技术趋于成熟，同时各国也把棕榈油产业作为经济发展的重要手段。预计在未来一段时间，全球油棕生产格局会维持相对稳定。

从贸易格局来看，自20世纪90年代以来，棕榈油出口国主要集中在东南亚，印度尼西亚和马来西亚出口量总和长期超过全球棕榈油出口量的80%以上，1995~2020年，两国出口量所占全球比重从85.5%增至91.7%；棕榈油进口国主要集中在亚洲，中国和印度始终是世界前两大棕榈油进口国，两国进口总量合计超过全世界进口总量的30%。相对来看，全球棕榈油出口集中度维持在较高水平，同时主要进口国进口规模相对稳定，在全球油棕生产格局相对稳定的前提下，预计全球贸易格局短期内也会维持相对稳定。

（三）主要国家生物燃料政策频繁出台，棕榈油消费有望进一步增加

近年来，印度尼西亚政府出台了一系列生物柴油计划，用以消化过剩的棕榈油供应并减少燃料进口。2013年，印度尼西亚将柴油中的生物柴油强制掺混比例设为10%，2015年提高到15%，2016年提高到20%，也就是B20生物柴油掺混政策，2020年提高到30%，即B30政策。印度尼西亚拟在2022年推出B40计划。马来西亚也同样推出了类似的生物燃料政策。受政策影响，棕榈油的需求有望进一步增加，但生物燃料政策能否落地受全球原油供需形势和价格走势影响较大。此外，主要生产国生物燃料政策的出台和实施落地也将对全球棕榈油贸易和价格形成产生显著影响。

第五节　全球红花生产与贸易发展情况

红花是油、药、饲料、天然色素、染料兼用的经济作物，也是特色油料的重要组成。从红花籽中提取出的红花油饱和脂肪酸含量极低，同时富含亚油酸和大量的维生素E，其中亚油酸含量高达73%~85%，被誉为世界上三大保健功能营养油之一。

一、全球红花生产发展动态及结构特征

（一）全球红花籽生产规模呈先升后降、整体上升趋势

自 20 世纪 60 年代以来，全球红花籽生产规模虽有波动，但整体呈上升趋势（见图 1 - 16）。从变化趋势来看，全球红花籽产量变化趋势与种植面积变化趋势基本吻合，具体可分为四个阶段：第一阶段（1961 ~ 1979 年），全球红花籽产量和种植面积大致呈波动上升的趋势，产量从 1961 年的 32.7 万吨增至 1979 年的 111.1 万吨，为 59 年来的峰值；种植面积从 1961 年的 75.7 万公顷增加到 1979 年的 148.9 万公顷，年均增幅分别为 7.0% 和 3.8%。第二阶段（1980 ~ 2002 年），全球红花籽总产量、种植面积波动下降。2002 年，全球红花籽产量 52.6 万吨，与 1979 年的峰值水平相比，下降了 52.7%。第三阶段（2003 ~ 2016 年），全球红花籽总产量波动上升，2016 年为 94.8 万吨，同比增长了 14.9%，比 2003 年增长了 39.1%。第四阶段（2017 ~ 2019 年），全球红花籽产量持续下降，由 2017 年的 73.8 万吨下降至 2019 年的 59.1 万吨，下降了 19.9%。产量下降的主要原因是种植面积的下降，2019 年为 65.3 万公顷，与 2017 年的 86.4 万公顷相比，减少了 24.4%。

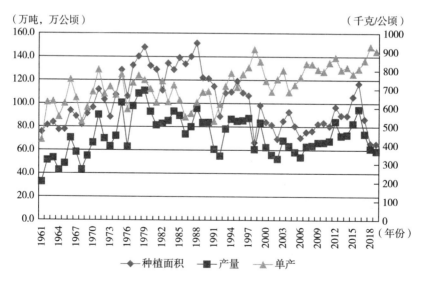

图 1 - 16　1961 ~ 2019 年全球红花籽种植面积、单产、产量变化

资料来源：FAO 数据库。

（二）全球红花籽生产区域从以墨西哥、印度、美国为主转向以哈萨克斯坦、俄罗斯、美国为主

全球红花籽生产区域分布相对集中，主要生产国前三位排名由 1980 年的墨西哥、印度、美国变为 2019 年的哈萨克斯坦、美国和俄罗斯（见表 1-30）。自 2000 年以来，哈萨克斯坦大力发展红花产业，红花籽产量不断增加，占全球总产量的比重不断提高。2019 年，哈萨克斯坦红花籽产量 20.0 万吨，占全球总产量的比重约为 33.8%，与 2000 年的 4.1% 相比，提高了 29.7 个百分点。墨西哥从全球生产第一大国逐渐退居到第四位，产量由 1980 年的 48.0 万吨下降至 2019 年的 5.2 万吨，降幅 89.2%。产量下降的主要原因是种植面积的下降，墨西哥红花种植面积从 1980 年的 41.6 万公顷下降到 2019 年的 2.8 万公顷。墨西哥红花籽产量不仅全球排名下滑，产量占全球总产量的比重下滑得也十分明显，由 1980 年的 51.6% 下滑到 2019 年的 8.7%，已经从全球红花籽主要生产国变成一般生产国。中国红花籽产量相对稳定，自 2010 年以来基本保持 3.3 万吨的水平，占全球总产量的比重在 4%~6%。

表 1-30　1980~2019 年全球红花籽生产区域布局变迁特征

单位：万吨，%

1980 年			1990 年			2000 年		
国家/地区	产量	占比	国家/地区	产量	占比	国家/地区	产量	占比
墨西哥	48.0	51.6	印度	48.7	58.1	印度	26.0	41.7
印度	27.9	30.0	墨西哥	15.9	19.0	美国	12.8	20.5
美国	10.5	11.3	美国	12.0	14.3	墨西哥	9.6	15.4
埃塞俄比亚	3.1	3.3	埃塞俄比亚	3.6	4.4	中国	3.9	6.2
欧盟	2.2	2.4	阿根廷	1.6	1.9	阿根廷	3.1	4.9
西班牙	2.0	2.1	澳大利亚	1.0	1.3	哈萨克斯坦	2.5	4.1
澳大利亚	0.8	0.9	苏联	0.6	0.7	吉尔吉斯斯坦	1.1	1.7
苏联	0.3	0.3	欧盟	0.2	0.2	澳大利亚	0.9	1.4
葡萄牙	0.2	0.3	西班牙	0.1	0.2	加拿大	0.7	1.1
阿根廷	0.1	0.1	加拿大	0.1	0.1	埃塞俄比亚	0.6	1.0

续表

2010 年			2015 年			2019 年		
国家/地区	产量	占比	国家/地区	产量	占比	国家/地区	产量	占比
印度	17.9	26.9	俄罗斯	15.4	18.6	哈萨克斯坦	20.0	33.8
哈萨克斯坦	12.2	18.4	哈萨克斯坦	14.9	18.0	美国	8.8	14.9
美国	10.0	15.1	墨西哥	12.6	15.3	俄罗斯	8.1	13.7
墨西哥	9.7	14.6	美国	9.7	11.8	墨西哥	5.2	8.7
阿根廷	4.4	6.6	印度	9.0	10.9	中国	3.3	5.6
中国	3.3	4.9	土耳其	7.0	8.5	印度	2.5	4.2
土耳其	2.6	3.9	中国	3.3	4.0	阿根廷	2.4	4.1
乌兹别克斯坦	2.1	3.1	乌兹别克斯坦	2.9	3.5	土耳其	2.2	3.7
坦桑尼亚	1.2	1.8	阿根廷	2.9	3.5	坦桑尼亚	1.6	2.7
吉尔吉斯斯坦	1.1	1.7	坦桑尼亚	1.4	1.7	吉尔吉斯斯坦	1.2	2.1

资料来源：FAO 数据库。

（三）墨西哥、塔吉克斯坦、中国和美国具有红花籽单产优势，未来发展潜力较大

墨西哥红花籽单产从 1992 年的 505.9 千克/公顷波动增长至 2019 年的 1856.2 千克/公顷，一直稳居世界前列（见图 1 - 17）。塔吉克斯坦红花籽单产水平增长最快，2019 年为 1825.3 千克/公顷，同比增长 31.1%，排在世界第二位。中国红花籽单产水平稳步提升，2019 年为 1467.8 千克/公顷，排在世界第三位，与全球平均单产 905.2 千克/公顷相比，每公顷红花田可以多生产 562.6 千克的红花籽，但与墨西哥、塔吉克斯坦等单产水平较高的国家相比，仍有很大增产空间。美国红花籽单产水平与中国接近，2019 年为 1426.1 千克/公顷，排在世界第四位。哈萨克斯坦虽然发展成为全球最大的红花籽生产国，但单产并不高，2019年为 760.3 千克/公顷，与全球平均单产水平 905.2 千克/公顷相比，每公顷低 144.9 千克。

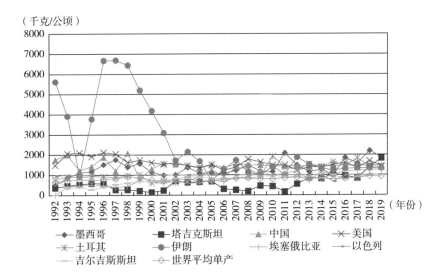

（千克/公顷）

图 1 - 17 1992~2019 年全球红花籽部分生产国单产水平变化

资料来源：FAO 数据库。

二、全球红花贸易发展动态及结构特征

（一）全球红花籽贸易发展阶段性特征明显

自 1988 年以来，全球红花籽贸易先后经历平稳发展期、跌宕起伏期、稳步提升期和持续下滑期，阶段性特征较为明显（见图 1 - 18）。具体来看：平稳发展期（1988~2004 年），全球红花籽贸易规模平稳增长，进出口贸易总量从 5.6 万吨增至 7.3 万吨；跌宕起伏期（2006~2010 年），全球红花籽贸易规模持续下降，进出口贸易总量从 8.0 万吨下降至 0.2 万吨，下降了 97.5%；稳步提升期（2012~2016 年），全球红花籽贸易规模呈持续增长的趋势，2016 年进出口总量为 40.4 万吨，为 2006 年以来的峰值；持续下滑期（2017~2019 年），全球红花籽贸易规模不断缩小，2019 年全球进出口总量减少至 21.0 万吨，同比下降 23.1%，与 2017 年的 37.8 万吨相比，下降了 44.4%。

（二）红花籽主要进口国、出口国均较为集中

自 1995 年以来，全球红花籽主要进口国别从以日本为主，逐步转为以中国、比利时、土耳其等国家为主，第一进口国进口规模占比都在 30% 以上（见表 1 - 31）。自 2015 年以来，中国成为红花籽第一进口大国，2019 年进口量为 3.0 万

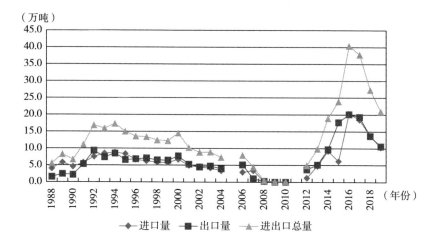

图 1 - 18 1988 ~ 2019 年全球红花籽进出口贸易规模变化情况

资料来源：UN Comtrade 数据库（2005 年出口数据异常、2011 年出口数据缺失，故此处剔除）。

表 1 - 31 1995 ~ 2019 年全球红花籽主要进口国/地区结构变迁

单位：万吨，%

1995 年			2000 年			2005 年		
国家/地区	进口量	占比	国家/地区	进口量	占比	国家/地区	进口量	占比
日本	6.5	77.7	日本	3.7	54.3	比利时	0.7	30.0
荷兰	0.5	6.3	保加利亚	1.0	14.6	荷兰	0.3	15.2
比利时	0.4	4.7	美国	0.5	6.8	中国台湾	0.2	10.3
英国	0.2	2.9	中国台湾	0.4	6.1	英国	0.2	6.6
德国	0.2	2.6	荷兰	0.4	5.6	菲律宾	0.1	4.8
法国	0.1	1.6	德国	0.2	2.2	葡萄牙	0.1	4.1
2010 年			2015 年			2019 年		
国家/地区	进口量	占比	国家/地区	进口量	占比	国家/地区	进口量	占比
菲律宾	0.2	99.6	中国	2.8	45.7	中国	3.0	28.6
巴巴多斯	0.0	0.3	比利时	0.7	11.7	土耳其	2.8	27.2
圣卢西亚	0.0	0.1	丹麦	0.5	7.9	荷兰	1.1	10.7
博茨瓦纳	0.0	0.0	荷兰	0.4	6.7	比利时	0.7	6.3
委内瑞拉	0.0	0.0	波兰	0.3	4.4	德国	0.6	5.5
塞舌尔	0.0	0.0	德国	0.3	4.3	波兰	0.4	3.9

资料来源：UN Comtrade 数据库。

吨，占全球进口总量的28.6%。从区域分布来看，红花籽进口贸易既有日本、中国、土耳其等亚洲国家，也有比利时、荷兰等欧洲国家，区域分布较为分散。

1995～2019年，全球红花籽主要出口国别较为集中，且结构变动较大，从以美国、中国、澳大利亚为主转向以俄罗斯、哈萨克斯坦为主（见表1-32）。2019年，俄罗斯、哈萨克斯坦两国的出口量分别为5.3万吨和3.2万吨，占全球出口总量的比重分别为49.3%和30.1%。从区域分布来看，红花籽出口贸易国较为广泛，既有印度、哈萨克斯坦、土耳其等亚洲国家，也有俄罗斯、荷兰、德国等欧洲国家，还有美国等美洲国家。

表1-32 1995～2019年全球红花籽主要出口国结构变迁

单位：万吨，%

1995 年			2000 年			2006 年		
国家	出口量	占比	国家	出口量	占比	国家	出口量	占比
美国	3.8	57.9	美国	4.1	52.5	阿根廷	1.7	33.6
中国	1.1	16.8	澳大利亚	1.3	16.8	澳大利亚	0.9	17.5
澳大利亚	1.1	16.1	中国	0.7	9.2	印度	0.6	12.1
荷兰	0.3	5.1	墨西哥	0.6	7.6	中国	0.4	8.0
比利时	0.1	0.9	荷兰	0.2	2.9	墨西哥	0.4	7.1
加拿大	0.1	0.8	印度	0.2	2.3	荷兰	0.3	0.4
匈牙利	0.0	0.6	俄罗斯	0.2	2.2	捷克	0.3	0.3
2010 年			2015 年			2019 年		
国家	出口量	占比	国家	出口量	占比	国家	出口量	占比
乌克兰	0.03	82.8	俄罗斯	13.0	73.4	俄罗斯	5.3	49.3
伊朗	0.01	17.2	哈萨克斯坦	2.8	16.1	哈萨克斯坦	3.2	30.1
—	—	—	印度	0.7	3.9	土耳其	0.8	7.7
—	—	—	土耳其	0.4	2.5	印度	0.3	3.1
—	—	—	荷兰	0.3	1.7	荷兰	0.3	3.0
—	—	—	美国	0.1	0.6	德国	0.2	2.2
—	—	—	乌克兰	0.1	0.5	美国	0.1	1.3

资料来源：UN Comtrade 数据库。

（三）全球红花籽贸易流向

1. 进口国流入来源分析

2019年，红花籽进口量居于全球前五位的国家依次是中国、土耳其、荷兰、比利时和德国，这五个国家的红花籽进口总量占全球进口总量的78.3%。这五国红花籽的进口来源国均较为集中，其中土耳其、荷兰和德国红花籽的第一大进口来源国都是俄罗斯，中国的第一大进口来源国是哈萨克斯坦，比利时的第一大进口来源国是德国（见表1-33）。具体来看，中国进口红花籽3.0万吨，均自哈萨克斯坦进口。土耳其、德国分别进口红花籽2.8万吨、0.6万吨，自俄罗斯进口量分别占比99.2%和96.4%。荷兰红花籽进口量为1.1万吨，第一大进口来源国是俄罗斯，进口量0.7万吨，占比60.7%。比利时从德国进口红花籽0.4万吨，占51.7%；从荷兰进口0.2万吨，占比32.4%。

表1-33　2019年全球红花籽主要进口国流入来源地　　　　单位:%

进口国	中国	土耳其	荷兰	比利时	德国
流入来源国家及占比	哈萨克斯坦（100.0）	俄罗斯（99.2）	俄罗斯（60.7）	德国（51.7）	俄罗斯（96.4）
	—	伊朗（0.7）	比利时（18.7）	荷兰（32.4）	荷兰（1.1）
	—	—	澳大利亚（0.8）	俄罗斯（8.4）	巴拉圭（0.7）
	—	—	奥地利（0.8）	西班牙（7.5）	波兰（0.7）
	—	—	哈萨克斯坦（0.6）	—	墨西哥（0.6）

资料来源：UN Comtrade 数据库。

2. 出口国流向分析

2019年，红花籽出口量居全球前五位的国家依次是俄罗斯、哈萨克斯坦、土耳其、印度和荷兰，这五个国家的红花籽出口总量占全球出口总量的93.2%。从出口流向来看，俄罗斯红花籽出口目的国主要是土耳其和比利时，对这两国的出口量占比分别为55.1%和13.7%。哈萨克斯坦红花籽主要出口至中国，出口量占比94.6%。土耳其红花籽主要出口到伊拉克，出口量占比98.2%。印度红花籽主要出口至菲律宾、美国，对这两国的出口量占比分别为34.1%和32.6%。荷兰红花籽出口目的国主要是比利时，出口量占比为62.3%（见表1-34）。

表1-34　2019年全球葵花籽主要出口国及流向　　　　单位：%

出口国	俄罗斯	哈萨克斯坦	土耳其	印度	荷兰
流向国家/地区及占比	土耳其（55.1）	中国（94.6）	伊拉克（98.2）	菲律宾（34.1）	比利时（62.3）
	比利时（13.7）	阿富汗（1.8）	伊朗（0.6）	美国（32.6）	法国（12.1）
	波兰（7.2）	中国台湾（1.6）	荷兰（0.5）	韩国（10.4）	英国（9.6）
	荷兰（6.9）	塔吉克斯坦（0.8）	利比亚（0.4）	日本（9.3）	葡萄牙（7.7）
	英国（4.3）	土耳其（0.7）	叙利亚（0.2）	以色列（1.4）	德国（3.2）

资料来源：UN Comtrade 数据库。

三、全球红花市场发展趋势判断

（一）全球红花籽需求增加将带动生产和贸易规模继续扩大

世界各国高度重视有机食品、绿色食品、健康食品和膳食补充，特别是一些以普通食品、健康食品和饮料为载体，添加具有防病和抗病功能因子的功能性食品开发，成为了世界食品业新的增长点，加之人们对饮食要求逐渐回归自然，富含膳食纤维、低脂肪、低胆固醇和低热量的食品越来越受欢迎。红花油是活血化瘀治疗痛经的良好药品；红花籽油饼价格低廉，可作为饲料和有机肥开发利用；以红花为原料还可以开发出泡脚、保健酒、保健茶和红花蜜等相关产品。随着人民生活水平和保健意识的提高，对具有保健作用的红花优质食用油和天然色素的需求量将大大增加。从全球现有的红花种植面积来看，红花种植还不能满足市场需求。在需求带动下，红花种植面积和贸易规模将保持扩大趋势。

（二）全球红花籽贸易较为集中的格局短期内将保持不变

从红花籽贸易结构中可以看出，全球红花籽贸易主要进口国、出口国均较为集中，同时贸易流向具有显著的区域特征，突出表现为贸易中心逐渐向中国、土耳其等亚洲及周边国家转移。随着哈萨克斯坦、俄罗斯等国家红花籽生产规模的不断扩大、贸易区位优势的日益凸显，未来全球红花籽贸易集中的格局仍将持续。

（三）中国受国际红花籽市场的影响将越来越深

从生产来看，中国是红花籽生产大国，目前产量全球排名第五位，生产规模虽然与哈萨克斯坦、俄罗斯等国相比还有较大差距，但整体呈上升趋势。从贸易来看，中国已经成为全球最大的红花籽进口国。随着中国"一带一路"倡议的稳步推进，未来中国与周边国家特别是俄罗斯和中亚地区的贸易合作将更加密切，我国红花籽产业受国际市场的影响程度也会越来越大。

第六节　全球蓖麻生产与贸易发展情况

蓖麻为世界十大油料作物之一，栽培历史悠久，具有适应性广、抗逆性强的特点。原产于非洲，先后传入亚洲、南北美洲和欧洲。蓖麻具有较高的开发利用价值，通过加工可以提炼众多石油类产品，是一种不可替代的战略资源。

一、全球蓖麻生产发展动态及结构特征

（一）全球蓖麻生产规模波动性较大

20 世纪 60 年代以来，全球蓖麻种植面积和产量总体呈现出先波动增加后减少的特征（见图 1 - 19）。1961 ~ 2011 年，全球蓖麻种植面积由 123.3 万公顷增加至 218.0 万公顷，产量由 58.0 万吨增加至 274.2 万吨。自 2011 年起，全球蓖麻种植面积和产量缓慢下降，2019 年全球蓖麻种植面积 115.9 万公顷，产量140.8 万吨，分别比 2011 年下降 46.8% 和 48.7%。近年来，全球蓖麻单产水平显著提高，由 1961 年的每公顷 470.3 千克增加至 2019 年的每公顷 1214.9 千克，提高了 2.6 倍，年均增长 1.6%。

（二）蓖麻生产区域相对集中，印度主产国地位较为稳固

全球主要蓖麻生产国有亚洲的印度、中国、缅甸和越南；南美洲的巴西和巴拉圭；非洲的莫桑比克、埃塞俄比亚、南非和安哥拉（见表 1 - 35）。2019 年上述国家蓖麻生产总量约为 138.2 万吨，占全球蓖麻总产量的 98.2%。印度、中国和巴西是全球传统蓖麻主产国，蓖麻产量约占全球的 89% 以上。自 1980 年以来，全球蓖麻生产集中度不断提高，蓖麻生产逐渐向亚洲和非洲的少数国家集中。亚洲的印度蓖麻生产规模和产量持续增加，并遥遥领先，占全球产量的比重由 1980年的 26.3% 上升至 2019 年的 85.0%。自 2000 年以来，非洲的莫桑比克蓖麻生

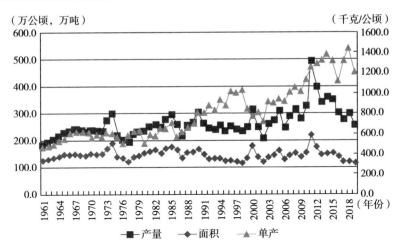

图1－19　1961～2019年全球蓖麻种植面积、产量和单产变化

资料来源：FAO数据库。

表1－35　1980～2019年全球蓖麻生产区域布局变迁特征

单位：万吨，%

1980 年			1990 年			2000 年		
国家	产量	占比	国家	产量	占比	国家	产量	占比
巴西	28.1	36.2	印度	71.6	52.7	印度	88.3	63.6
印度	20.4	26.3	中国	31.0	22.8	中国	30.0	21.6
中国	11.3	14.6	巴西	14.8	10.9	巴西	11.2	8.1
泰国	3.5	4.4	苏联	4.8	3.5	莫桑比克	2.6	1.9
苏联	3.1	4.0	泰国	2.8	2.0	巴拉圭	1.1	0.8
巴拉圭	2.3	3.0	巴拉圭	2.0	1.5	泰国	0.9	0.6
巴基斯坦	1.8	2.4	埃塞俄比亚	1.4	1.0	越南	0.5	0.4
菲律宾	1.8	2.3	巴基斯坦	1.0	0.7	南非	0.5	0.4
埃塞俄比亚	1.2	1.5	厄瓜多尔	0.8	0.6	埃塞俄比亚	0.5	0.3
厄瓜多尔	0.6	0.8	菲律宾	0.7	0.5	厄瓜多尔	0.4	0.3
2010 年			2015 年			2019 年		
国家	产量	占比	国家	产量	占比	国家	产量	占比
印度	135.0	77.5	印度	175.2	88.1	印度	119.7	85.0
中国	15.0	8.6	莫桑比克	7.5	3.8	莫桑比克	8.5	6.0
巴西	9.5	5.5	中国	4.0	2.0	中国	3.6	2.6

续表

2010 年			2015 年			2019 年		
国家	产量	占比	国家	产量	占比	国家	产量	占比
莫桑比克	6.7	3.9	巴西	4.7	2.4	巴西	1.6	1.2
缅甸	1.4	0.8	缅甸	1.3	0.6	缅甸	1.3	0.9
泰国	1.2	0.7	埃塞俄比亚	1.1	0.6	埃塞俄比亚	1.1	0.8
埃塞俄比亚	0.7	0.4	越南	0.7	0.4	越南	0.7	0.5
越南	0.6	0.3	南非	0.6	0.3	南非	0.7	0.5
巴拉圭	0.6	0.3	巴拉圭	0.8	0.4	巴拉圭	0.6	0.4
南非	0.6	0.3	安哥拉	0.4	0.2	安哥拉	0.4	0.3

资料来源：FAO 数据库。

产快速发展，2019 年产量排名全球第二，占全球蓖麻生产总量的 6.0%。非洲蓖麻主产国埃塞俄比亚、南非和莫桑比克等国的蓖麻产量占全球的比重由 1980 年的不足 2% 增长至 2019 年的 7.3%。传统蓖麻主产国巴西和中国的蓖麻生产规模不断缩小，1980 ~ 2019 年，巴西蓖麻产量占全球的比重由 36.2% 降至 1.2%，中国由 14.6% 降至 2.6%。

（三）蓖麻单产国别差异显著

由于自然条件和资源禀赋的差异，蓖麻主产国的单产水平也呈现较大差异，其中南美洲地区的蓖麻单产水平较高（见表 1 - 36）。2019 年，墨西哥蓖麻单产为每亩 233.3 千克，居全球首位；叙利亚、伊朗、中国、埃塞俄比亚、印度和厄瓜多尔的蓖麻单产超过 100 千克/亩，其他国家单产水平均在 100 千克/亩以下。中国的蓖麻单产水平虽然在蓖麻传统生产国中处于较高水平，但与墨西哥、叙利亚等国家相比依然存在较大差距，2019 年中国的蓖麻单产为 114.3 千克/亩，不足墨西哥的 50%。

表 1 - 36　2019 年全球主要国家蓖麻籽单产水平对比　　单位：千克/亩

国家	单产
墨西哥	233.3
叙利亚	176.6

续表

国家	单产
伊朗	129.8
中国	114.3
埃塞俄比亚	112.9
印度	106.2
厄瓜多尔	103.2
巴基斯坦	75.0
巴拉圭	66.7
泰国	66.0

资料来源：FAO 数据库。

二、全球蓖麻油贸易发展动态及结构特征

全球蓖麻产品贸易包括蓖麻籽和蓖麻油贸易。从贸易规模来看，主要以油脂贸易为主，蓖麻籽贸易规模较小。考虑到蓖麻籽贸易公开数据可获得性较差，本部分内容仅以蓖麻油贸易分析为主。

（一）全球蓖麻油贸易规模呈现波动式上升趋势

自 1988 年以来，全球蓖麻油贸易快速发展，国际贸易量由 1988 年的 1.8 万吨上升至 2020 年的 60.2 万吨，增长近 33 倍，年均增长 11.6%。具体可以分为三个阶段：第一阶段（1988~1995 年），全球蓖麻油贸易规模快速扩张，贸易量由 1.8 万吨增至 29.9 万吨，年均增长 18.0%；第二阶段（1996~2003 年），全球蓖麻油贸易规模逐年缩小，贸易量由 28.0 万吨降至 21.7 万吨，年均下降 3.6%；第三阶段（2004~2020 年），全球蓖麻油贸易呈波动增长的趋势，2018 年达到峰值 62.9 万吨，受波动增长的影响，此阶段贸易总量年均增长 3.5%（见图 1-20）。

（二）蓖麻油主要进口国和出口国较为集中稳定

自 1995 年以来，全球蓖麻油主要进口国别较为稳定，主要集中在法国、中国、美国、德国、荷兰、日本和泰国，进口占比一直维持在全球的 70% 以上。法国、美国和德国是传统的蓖麻油主要进口国，进口量相对稳定。由于消费需求

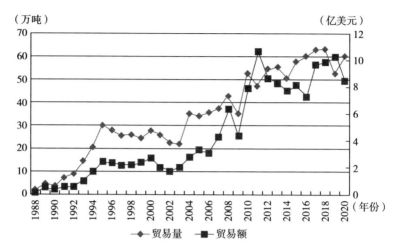

图 1-20　1988~2020 年全球蓖麻油的贸易规模和金额变化

资料来源：UN Comtrade 数据库。

的变化，中国蓖麻油进口量增长较快，自 2010 年以来一直居于首位，进口量和占比不断提升，2020 年中国蓖麻油进口量 29.9 万吨，占全球蓖麻油进口总量的近 50%（见表 1-37）。

表 1-37　1995~2020 年全球蓖麻油主要进口国别结构变迁

单位：万吨，%

1995 年			2000 年			2005 年		
国家	进口量	占比	国家	进口量	占比	国家	进口量	占比
法国	6.7	22.4	法国	7.7	27.8	法国	7.3	21.3
中国	4.2	14.1	美国	3.3	11.8	中国	6.3	18.4
美国	4.1	13.9	德国	3.1	11.1	美国	3.2	9.5
巴西	2.7	9.2	中国	2.9	10.6	荷兰	3.1	9.1
日本	2.6	8.6	日本	2.0	7.2	德国	3.0	8.7
德国	2.5	8.4	泰国	1.5	5.5	日本	2.5	7.3
合计	22.8	76.5	合计	20.4	73.9	合计	25.3	74.2
2010 年			2015 年			2020 年		
国家	进口量	占比	国家	进口量	占比	国家	进口量	占比
中国	17.2	32.6	中国	22.7	39.5	中国	29.9	49.7
法国	7.2	13.7	法国	6.8	11.8	德国	6.2	10.4

续表

2010 年			2015 年			2020 年		
国家	进口量	占比	国家	进口量	占比	国家	进口量	占比
德国	6.7	12.7	美国	6.1	10.6	法国	6.0	9.9
美国	5.0	9.5	荷兰	3.5	6.2	美国	5.3	8.8
荷兰	2.5	4.8	德国	3.4	5.9	荷兰	3.3	5.5
日本	1.6	3.0	泰国	2.4	4.2	泰国	2.1	3.4
合计	40.2	76.4	合计	44.9	78.1	合计	54.4	87.8

资料来源：UN Comtrade 数据库。

全球蓖麻油出口国较为集中，自 1995 年以来，主要出口国出口合计占比始终在全球的 95% 以上。印度作为全球蓖麻最大的生产国，也是全球蓖麻油最大的出口国，出口量和占比一直遥遥领先，2020 年印度蓖麻油出口量 65.8 万吨，占全球的 89.4%。法国、德国、荷兰和美国也是传统的蓖麻油出口国，出口量相对稳定。巴西作为全球第二大蓖麻生产国，由于近年来生产规模的萎缩，出口量也不断减少，由 1995 年的 0.4 万吨降至 2020 年的 0.1 万吨。泰国作为蓖麻油主要出口国，出口量波动较大（见表 1－38）。

表 1－38 1995～2020 年全球蓖麻油主要出口国/地区结构变迁

单位：万吨，%

1995 年			2000 年			2005 年		
国家/地区	出口量	占比	国家/地区	出口量	占比	国家/地区	出口量	占比
印度	27.0	89.0	印度	22.8	84.3	印度	27.0	82.4
德国	0.7	2.2	巴西	1.7	6.2	荷兰	2.7	8.2
荷兰	0.6	2.0	荷兰	0.9	3.1	巴西	1.2	3.6
中国香港	0.4	1.4	德国	0.6	2.3	法国	0.6	1.8
巴西	0.4	1.4	美国	0.3	1.1	德国	0.4	1.1
泰国	0.2	0.7	法国	0.2	0.9	美国	0.3	0.8
合计	29.3	96.7	合计	26.5	97.9	合计	32.1	98.1

2010 年			2015 年			2020 年		
国家/地区	出口量	占比	国家/地区	出口量	占比	国家/地区	出口量	占比
印度	38.8	84.4	印度	54.4	84.1	印度	65.8	89.4
法国	2.2	4.8	荷兰	3.1	4.8	荷兰	2.9	3.9
荷兰	1.9	4.2	马来西亚	2.1	3.2	法国	2.0	2.8
德国	1.2	2.7	法国	1.8	2.8	德国	1.1	1.6
美国	0.8	1.8	德国	0.9	1.4	美国	0.6	0.8
巴西	0.2	0.4	泰国	0.7	1.1	泰国	0.4	0.5
合计	45.2	98.3	合计	63.0	97.4	合计	72.9	99.9

资料来源：UN Comtrade 数据库。

(三) 全球蓖麻油贸易流向

1. 进口国流入来源分析

中国作为全球最大的蓖麻油进口国，进口来源高度集中，进口来源国主要是印度、泰国和墨西哥。以 2020 年蓖麻油进口为例，全年进口蓖麻油共计 29.9 万吨，其中来自印度的蓖麻油进口量为 29.6 万吨，约占进口总量的 99.0%。来自泰国和墨西哥的蓖麻油进口量分别为 0.2 万吨和 0.05 万吨，约占进口总量的 0.8% 和 0.2%。此外还从日本、美国进口少量蓖麻油。

德国一直以来都是全球蓖麻油的传统进口国，进口来源国相对集中。2019 年从印度进口蓖麻油 5.6 万吨，占进口总量的 83.1%，居于首位。其次是荷兰，进口量为 0.9 万吨，占进口总量的 13.4%。法国也是德国重要的蓖麻油进口国，2019 年进口量为 0.2 万吨，占进口总量的 2.7%。德国从上述三国进口蓖麻油合计占进口总量的 99.2%。

法国也是传统的蓖麻油进口国，进口主要来自印度、荷兰和德国。2020 年从上述三国进口蓖麻油分别为 5.8 万吨、0.1 万吨和 0.1 万吨，分别占进口总量的 96.4%、1.5% 和 1.3%。美国蓖麻油进口主要来自印度、巴西和西班牙等五国，合计进口量为 5.3 万吨，占进口总量的 99.8%。荷兰蓖麻油进口主要来自印度、德国、法国、比利时和英国，合计进口量为 3.3 万吨，占进口总量的 99.9%（见表 1−39）。

表1-39　2020年全球蓖麻油主要进口国流入来源地　　　　　单位:%

进口国	中国	德国	法国	美国	荷兰
流入国家及占比	印度（99.0）	印度（83.1）	印度（96.4）	印度（98.9）	印度（87.4）
	泰国（0.8）	荷兰（13.4）	荷兰（1.5）	巴西（0.8）	德国（11.3）
	墨西哥（0.2）	法国（2.7）	德国（1.3）	西班牙（0.1）	法国（0.8）
	日本（0.0）	比利时（0.4）	比利时（0.3）	英国（0.1）	比利时（0.4）
	美国（0.0）	美国（0.3）	巴西（0.2）	加拿大（0.1）	英国（0.1）

资料来源：UN Comtrade 数据库，其中德国为2019年数据。

2. 出口国流向分析

全球蓖麻油第一出口国印度的蓖麻油出口流向集中度较高。2020年中国是印度蓖麻油的最大出口国，出口量为32.1万吨，占出口总量的48.7%；其次是荷兰、法国、美国、泰国和日本等，排在前六位的出口国出口合计占出口总量的87.6%。

荷兰的蓖麻油出口主要集中在欧洲地区，德国是荷兰最大的蓖麻油出口目的国，2019年对德国的蓖麻油出口量为2.0万吨，占出口总量的73.5%。此外，瑞典、波兰、法国和比利时也是荷兰重要的蓖麻油出口市场。

法国蓖麻油的出口流向和荷兰相似，也是集中在欧洲国家。其中西班牙和意大利是主要出口市场，2020年出口量分别为0.8万吨和0.78万吨，分别占出口总量的39.2%和38.2%。此外，荷兰、德国和波兰也是主要的出口市场。德国蓖麻油主要出口国是荷兰等欧洲国家。美国蓖麻油主要流向加拿大、墨西哥和亚洲的沙特阿拉伯、印度和中国（见表1-40）。

表1-40　2020年全球蓖麻油主要出口国及流向　　　　　单位:%

出口国	印度	荷兰	法国	德国	美国
流向国家及占比	中国（48.7）	德国（73.5）	西班牙（39.2）	荷兰（36.9）	加拿大（77.5）
	荷兰（12.8）	瑞典（6.7）	意大利（38.2）	法国（9.2）	墨西哥（12.3）
	法国（10.8）	波兰（6.5）	荷兰（16.9）	瑞士（9.0）	沙特阿拉伯（1.5）
	美国（9.8）	法国（5.9）	德国（1.9）	意大利（8.1）	印度（1.4）
	泰国（3.2）	比利时（2.4）	波兰（1.1）	瑞典（5.9）	中国（1.3）

资料来源：UN Comtrade 数据库，其中荷兰为2019年数据。

三、全球蓖麻市场发展趋势判断

（一）全球蓖麻生产规模相对稳定

蓖麻的综合利用价值很高，其中蓖麻油黏度大、燃烧点高、凝固点低，是航空和精密仪器的高级润滑油、刹车油和防护油。蓖麻通过加工可以提炼众多石油类产品，对于能源替代、环境保护具有重要意义。通过数据分析可以看到，自1961年以来全球蓖麻的生产规模呈现出先扩大后减小的趋势，由于用途的特殊性，蓖麻需求量相对稳定，预期未来一段时期，全球蓖麻生产规模会保持相对稳定。

（二）蓖麻油进出口贸易集中度提高

印度作为全球第一大蓖麻油出口国的地位稳固，近年来出口量持续增加，占全球蓖麻油出口量的比重不断提高。蓖麻油进口国变化不大，但进口贸易集中度不断提高。中国是全球蓖麻油进口的第一大国，尤其是自2010年以来，蓖麻油进口量增长迅速，2020年占全球蓖麻油进口量的近一半，长期来看，中国蓖麻油消费量和进口量增长的趋势不会改变。未来蓖麻油进出口贸易集中度预计会进一步提高。

第七节　全球椰子生产与贸易发展情况

椰子是重要的热带木本油料作物。椰子全资源利用率很高，具有极高的经济价值，椰肉、椰干可以生食、榨油，树干、叶子等可用于建筑及编织材料。在油用方面，椰干出油率高达65%~75%，显著高于大豆、油菜籽等传统大宗油料，也高于油棕、油茶等木本油料。近60年来，全球椰子生产和贸易规模总体呈扩大趋势，贸易集中度总体较高。

一、全球椰子生产发展动态及结构特征

（一）全球椰子生产规模整体呈扩大趋势

椰子原产于亚洲东南部、印度尼西亚至太平洋群岛，中国广东南部诸岛及雷

州半岛、海南、台湾及云南南部热带地区均有栽培。自20世纪60年代以来，全球椰子种植面积和产量不断增加，从图1－21可以看出，椰子种植面积和产量呈现小幅度稳步上升的趋势，单产水平呈现先降后升趋势。1961～2019年，全球椰子种植面积从522.3万公顷增加到1180.7万公顷，增长了1.3倍，年均增幅为1.42%。总产量从2372.8万吨增长到6245.5万吨，增长了1.6倍，年均增幅为1.68%。1961～1984年，椰子的单产水平呈现波动减少趋势，由每公顷4543.3千克下降到3436.2千克，年均降幅为1.21%；1984年以后全球椰子单产水平逐年上升，到2019年单产增加到每公顷5289.6千克，年均增幅为1.0%。总体来看，椰子的产量持续增长的原因主要在于种植面积不断增长和近30年来单产的波动增加。

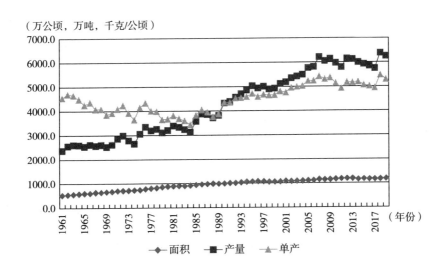

图1－21　1961～2019年全球椰子种植面积、产量和单产变化

资料来源：FAO数据库。

（二）全球椰子生产区域主要集中在亚洲

椰子为热带喜光作物，生长环境要求年温差小、平均温度稳定，降雨量分布均匀，光照时间长。高温、多雨、阳光充足和邻海是椰子生长的必备条件。自然生长条件决定全球椰子生产区域相对集中在热带邻海地区，椰子主要生产国家有印度尼西亚、菲律宾、印度和巴西等国家。

印度尼西亚、菲律宾和印度是三大椰子主产国，地处热带，椰子树种植历史悠久，地理条件优厚，从 20 世纪 80 年代便始终排名前三。1980～2019 年，印度尼西亚椰子产量从 866.0 万吨增加到 1712.9 万吨，增长了 97.8%；菲律宾椰子产量从 914.1 万吨增加到 1476.5 万吨，增长了 61.5%；印度椰子产量从 425.0 万吨增加到 1468.2 万吨，增长了将近 2.5 倍。2019 年三大主产国的产量占世界产量比重分别为 27.4%、23.6% 和 23.5%，合计占世界总产量的 74.5%（见表 1-41）。

表 1-41　1980～2019 年全球椰子生产区域布局变迁特征

单位：万吨，%

1980 年			1990 年			2000 年		
国家	产量	占比	国家	产量	占比	国家	产量	占比
菲律宾	914.1	28.6	印度尼西亚	1212.0	28.0	印度尼西亚	1524.0	29.8
印度尼西亚	866.0	27.1	菲律宾	1194.2	27.6	菲律宾	1299.5	25.4
印度	425.0	13.3	印度	723.0	16.7	印度	835.0	16.3
小岛屿发展中国家	280.8	8.8	小岛屿发展中国家	242.2	5.6	小岛屿发展中国家	292.5	5.7
美拉尼西亚	161.5	5.0	斯里兰卡	192.4	4.5	斯里兰卡	235.3	4.6
斯里兰卡	154.0	4.8	美拉尼西亚	144.6	3.3	巴西	195.2	3.8
马来西亚	118.8	3.7	泰国	142.6	3.3	泰国	179.5	3.5
墨西哥	89.3	2.8	马来西亚	113.4	2.6	美拉尼西亚	171.2	3.4
巴布亚新几内亚	88.3	2.8	墨西哥	106.4	2.5	墨西哥	111.7	2.2
泰国	67.1	2.1	越南	89.4	2.1	巴布亚新几内亚	103.2	2.0
2005 年			2010 年			2015 年		
国家	产量	占比	国家	产量	占比	国家	产量	占比
印度尼西亚	1825.0	31.7	印度尼西亚	14503.4	30.1	印度尼西亚	1750.0	29.5
菲律宾	1482.5	25.7	马来西亚	8309.1	26.0	菲律宾	1473.5	24.9
印度	882.9	15.3	泰国	822.7	18.2	印度	1121.0	18.9
巴西	311.9	5.4	尼日利亚	800.0	4.9	小岛屿发展中国家	303.2	5.1
小岛屿发展中国家	278.2	4.8	哥伦比亚	399.5	4.8	巴西	267.9	4.5
泰国	194.0	3.4	厄瓜多尔	285.0	3.3	斯里兰卡	244.5	4.1
斯里兰卡	168.3	2.9	小岛屿发展中国家	247.2	2.9	美拉尼西亚	160.4	2.7

续表

2005 年			2010 年			2015 年		
国家	产量	占比	国家	产量	占比	国家	产量	占比
美拉尼西亚	146.4	2.5	喀麦隆	220.0	2.2	越南	143.9	2.4
墨西哥	116.7	2.0	美拉尼西亚	204.1	2.0	墨西哥	119.7	2.0
越南	97.7	1.7	加纳	200.4	2.0	巴布亚新几内亚	118.6	2.0

2017 年			2018 年			2019 年		
国家	产量	占比	国家	产量	占比	国家	产量	占比
印度尼西亚	1720.0	30.0	印度尼西亚	1710.0	26.8	印度尼西亚	1712.9	27.4
菲律宾	1404.9	24.5	印度	1641.3	25.7	菲律宾	1476.5	23.6
印度	1116.7	19.5	菲律宾	1472.6	23.1	印度	1468.2	23.5
小岛屿发展中国家	311.7	5.4	小岛屿发展中国家	307.1	4.8	小岛屿发展中国家	308.2	4.9
巴西	221.0	3.9	巴西	234.5	3.7	斯里兰卡	246.9	3.9
斯里兰卡	196.0	3.4	斯里兰卡	209.8	3.3	巴西	233.1	3.7
美拉尼西亚	160.4	2.8	美拉尼西亚	160.4	2.5	越南	167.7	2.7
越南	149.9	2.6	越南	157.2	2.5	美拉尼西亚	161.5	2.6
墨西哥	132.3	2.3	墨西哥	134.2	2.1	墨西哥	128.8	2.1
巴布亚新几内亚	118.6	2.1	巴布亚新几内亚	118.6	1.9	巴布亚新几内亚	119.3	1.9

资料来源：FAO 数据库。

（三）全球椰子单产国差异显著

从主要地区和国家单产水平来看，2019 年世界椰子单产最高的五个国家分别是萨尔瓦多、汤加、秘鲁、苏里南和巴西。其中萨尔瓦多椰子单产为 39529.6 千克/公顷，汤加椰子单产为 20743.8 千克/公顷，秘鲁椰子单产为 15972.1 千克/公顷，苏里南椰子单产为 13148.6 千克/公顷，巴西椰子单产为 12468.3 千克/公顷（见表 1 - 42）。均显著高于世界平均单产水平。中国椰子单产为 10616.1 千克/公顷，虽高于世界平均水平，但与高产国家相比，仍有很大提升空间。

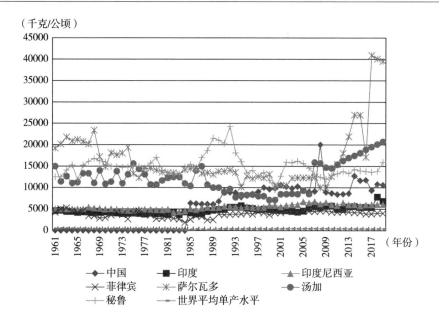

图 1 - 22　1961 ~ 2019 年全球椰子部分生产国单产水平变化

资料来源：FAO 数据库。

表 1 - 42　2019 年全球主要国家椰子单产水平对比　　单位：千克/公顷

国家	单产
萨尔瓦多	39529.6
汤加	20743.8
秘鲁	15972.1
苏里南	13148.6
巴西	12468.3
孟加拉国	11830.1
缅甸	10855.0
哥斯达黎加	10727.9
中国	10616.1
越南	10550.2
委内瑞拉	10473.2

资料来源：FAO 数据库。

二、全球椰子油贸易发展动态及结构特征

近年来，为延长产业链、增加椰子附加值，世界椰子主要生产国大力发展椰子加工产业，避免直接出口椰子。油用是椰子加工的主要用途之一。椰肉富含油脂，干椰肉中含油率高达65%~75%，产油率显著高于油菜籽、花生等其他传统油料。目前全球椰油产量约为360万吨，占全球食用植物油产量的1.7%。椰油中富含月桂酸、豆蔻酸、棕榈酸等，还有部分油酸、亚油酸。由于饱和酸占比高达90%，椰油主要用于工业加工，多用于香皂、牙膏以及化妆品生产等。椰油经过精炼还可制成食用椰子油、人造奶油。全球椰子产品贸易主要以椰仁干以及油脂贸易为主，基于贸易规模、数据可获得性以及油用用途，我们主要以椰子油为对象进行分析。

（一）全球椰油贸易规模呈现大幅度波动

自1988年以来，全球椰油贸易起伏变化很大。进出口总量由1988年的22万吨上升至2020年的87.3万吨，增长了近3倍，年均增长率为4.4%（见图1-23）。具体可以分为三个阶段：第一阶段（1988~1998年），全球椰油贸易总量快速扩张，进出口贸易总量从22万吨增至286.6万吨，增长了12倍；第二阶段（1999~2010年），全球椰油贸易总量持续波动缓慢增长，进出口贸易总量由219.7

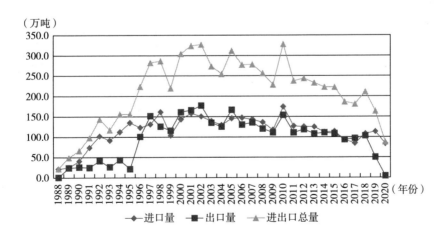

图1-23　1988~2020年全球椰油进出口贸易规模变化情况

资料来源：UN Comtrade 数据库。

万吨增至 328.1 万吨，增长了 49.3%；第三阶段（2011~2020 年），全球椰油进出口总量呈现逐年下降的趋势，进出口贸易总量由 237.6 万吨减至 87.3 万吨，减少了 150.3 万吨。与全球椰油贸易总量大幅波动类似，贸易总额也同样呈现波动特征（见图 1-24）。全球椰油贸易进出口总额由 1988 年的 1.1 亿美元先增后减，至 2020 年，总体增至 10.3 亿美元，增长了近 8.4 倍。

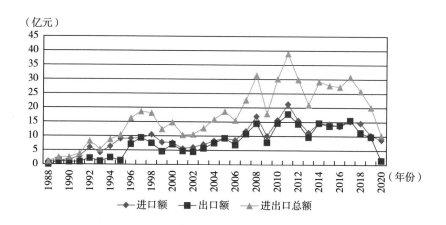

图 1-24　1988~2020 年全球椰油进出口贸易额变化情况

资料来源：UN Comtrade 数据库。

（二）椰油主要进口国集中在欧洲和美国，主要出口国集中在东南亚

自 1995 年以来，全球椰油主要进口国较为稳定，主要集中在荷兰、美国、德国等国家。2020 年，三个国家进口量分别为 32.3 万吨、18.9 万吨和 9.7 万吨，进口量分别占全球进口总量的 38.8%、22.7% 和 11.6%，三国合计进口量占比达 73.1%，显示出较高的贸易集中度（见表 1-43）。

表 1-43　1995~2020 年全球椰油主要进口国别结构变迁

单位：万吨，%

1995 年			2000 年			2005 年		
国家	进口量	占比	国家	进口量	占比	国家	进口量	占比
美国	38.8	28.80	美国	31.6	22.10	德国	30.9	21.30
德国	20.2	15.00	德国	29.6	20.60	荷兰	29.7	20.40

续表

1995 年			2000 年			2005 年		
国家	进口量	占比	国家	进口量	占比	国家	进口量	占比
荷兰	16.6	12.30	荷兰	20.8	14.50	美国	25.1	17.20
比利时①	8.3	6.19	马来西亚	13.30	9.3	马来西亚	16.5	11.30
英国	6.6	4.90	中国	8.3	5.80	中国	11.2	7.70
意大利	4.7	3.50	比利时	6.0	4.20	意大利	4.9	3.40
2010 年			2015 年			2020 年		
国家	进口量	占比	国家	进口量	占比	国家	进口量	占比
荷兰	41.8	23.97	荷兰	33.4	29.41	荷兰	32.3	38.80
美国	34.5	19.77	美国	25.0	22.02	美国	18.9	22.70
德国	32.5	18.63	德国	19.3	17.02	德国	9.7	11.60
中国	24.9	14.26	马来西亚	16.7	14.73	意大利	6.2	7.40
马来西亚	14.8	8.49	意大利	4.3	3.78	西班牙	4.0	4.80
意大利	4.1	2.33	法国	2.6	2.33	斯里兰卡	3.6	4.30

资料来源：UN Comtrade 数据库。

1995～2019 年，全球椰油出口国主要集中在东南亚（见表 1 - 44）。2019
年，印度尼西亚、马来西亚和菲律宾是全球三大椰油出口国，三国的出口量占全
球出口总量的比例超过 90%。

表 1 - 44　1995～2019 年全球椰油主要出口国/地区结构变迁

单位：万吨，%

1995 年			2000 年			2005 年		
国家/地区	出口量	占比	国家/地区	出口量	占比	国家/地区	出口量	占比
印度尼西亚	13.6	64.3	菲律宾	81.4	50.6	菲律宾	86.4	51.9
马来西亚	3.0	14.1	印度尼西亚	66.6	41.4	印度尼西亚	64.0	38.5
科特迪瓦	1.8	8.5	越南	3.7	2.3	马来西亚	5.4	3.3
新加坡	1.1	5.3	马来西亚	3.4	2.1	荷兰	3.6	2.2

① UN Comtrade 数据库中此条目为 Belgium - Luxembourg。

续表

1995 年			2000 年			2005 年		
国家/地区	出口量	占比	国家/地区	出口量	占比	国家/地区	出口量	占比
美国	0.5	2.3	科特迪瓦	1.1	0.7	美国	1.1	0.6
泰国	0.2	1.0	巴布亚新几内亚	0.9	0.5	比利时	0.7	0.4
中国香港	0.2	0.9	莫桑比克	0.8	0.5	莫桑比克	0.7	0.4

2010 年			2015 年			2019 年		
国家/地区	出口量	占比	国家/地区	出口量	占比	国家/地区	出口量	占比
菲律宾	105.9	68.9	菲律宾	53.6	49.4	印度尼西亚	27.9	55.6
印度尼西亚	36.2	23.6	印度尼西亚	43.2	39.8	马来西亚	9.4	18.7
荷兰	3.9	2.5	美国	2.8	2.6	菲律宾	8.8	17.5
马来西亚	1.9	1.3	马来西亚	2.8	2.6	斯里兰卡	1.3	2.6
瓦努阿图	1.0	0.7	荷兰	1.8	1.6	科特迪瓦	0.9	1.9
保加利亚	0.8	0.5	斯里兰卡	1.6	1.5	荷兰	0.6	1.1
美国	0.8	0.5	法属波利尼西亚	0.7	0.7	德国	0.3	0.6

资料来源：UN Comtrade 数据库（2020 年椰油出口数据异常，故此处使用 1995~2019 年数据）。

（三）全球椰油贸易流向

1. 进口国流入来源分析

2020 年椰油进口量居于全球前四位的国家依次是荷兰、美国、德国和意大利，这四个国家的椰油进口总量占全球椰油进口总量的 80%。这四个国家的第一大进口来源国都是菲律宾（见表 1 - 45）。具体来看，2020 年，荷兰进口椰油 32.3 万吨，其中从菲律宾进口椰油 26.7 万吨，占比 83.3%；从印度尼西亚进口椰油 4.9 万吨，占比 15.4%。美国进口椰油 18.9 万吨，从菲律宾和印度尼西亚分别进口 14.4 万吨、3.7 万吨，两者合计占比超过 95%。德国椰油进口量为 9.7 万吨，两大进口来源国是菲律宾和印度尼西亚，分别进口 4 万吨、3.5 万吨，占比超过 77%。意大利椰油进口量为 6.2 万吨，其中从菲律宾进口椰油 6.1 万吨，占比 99.3%。

表 1-45　2020 年全球椰油主要进口国流入来源地　　单位：%

进口国	荷兰	美国	德国	意大利
流入国家及占比	菲律宾（83.3）	菲律宾（76.3）	菲律宾（41.2）	菲律宾（99.3）
	印度尼西亚（15.4）	印度尼西亚（19.5）	印度尼西亚（36.3）	德国（0.2）
	科特迪瓦（0.8）	马来西亚（2.4）	荷兰（10.6）	斯里兰卡（0.2）
	斯里兰卡（0.3）	斯里兰卡（1.3）	斯里兰卡（4.6）	加纳（0.1）
	德国（0.1）	萨摩亚（0.5）	瑞士（3.9）	捷克（0.1）

资料来源：UN Comtrade 数据库。

2. 出口国流向分析

2019 年椰油出口量居于全球前三位的国家依次是印度尼西亚、马来西亚和菲律宾，这三个国家的椰油出口总量占全球椰油进口总量的 91.7%。从出口流向上可以看出，贸易流向相对集中，荷兰是椰油主要的进口国，出口量居于前三的国家出口对象都有荷兰且出口量占比很大。印度尼西亚的椰油主要出口到马来西亚和荷兰，出口量分别占比 41.4% 和 30.7%。马来西亚一方面从印度尼西亚进口椰油，另一方面又大量出口，出口国主要是意大利和荷兰，出口量分别为 3.9 万吨和 2.5 万吨，分别占比 41.0% 和 27.0%。菲律宾第一出口国是荷兰，出口量为 5.1 万吨，占比 58.4%（见表 1-46）。

表 1-46　2019 年全球椰油主要出口国及流向　　单位：%

出口国	印度尼西亚	马来西亚	菲律宾
流向国家及占比	马来西亚（41.4）	意大利（41.0）	荷兰（58.4）
	荷兰（30.7）	荷兰（27.0）	美国（13.4）
	斯里兰卡（11.1）	美国（16.4）	马来西亚（12.6）
	美国（10.5）	新加坡（7.5）	西班牙（5.6）
	泰国（4.1）	德国（2.1）	印度尼西亚（5.3）
	乌克兰（1.3）	索马里（1.3）	意大利（2.7）

资料来源：UN Comtrade 数据库（2020 年椰油出口数据异常，故此处使用 1995～2019 年数据）。

三、全球椰子及椰子油市场发展趋势判断

（一）全球椰子生产规模和布局相对稳定

东南亚国家是椰子的生产大国和出口大国，椰子种植面积大，但是马来西亚和印度尼西亚等东南亚国家大力发展油棕产业，限制了椰子生产规模的发展壮大。从贸易规模来看，椰油的主要进口国荷兰、德国和意大利等国家消费需求总体趋稳，难以再进一步扩大进口规模。2020 年的新冠肺炎疫情导致椰油的进出口量进一步减少，对产业的发展不利；加之近十年来椰油贸易量和贸易额不断下滑，预计全球椰油贸易规模增长有限。

（二）全球椰油贸易格局预计保持相对稳定

近年来，在加工技术升级、成分提取和产品开发带动下，全球范围内椰子在食品和医药等方面的应用范围越来越广，消费需求有所增加，有助于带动椰子产品贸易规模扩大。在椰油方面，由于椰油本身饱和脂肪酸高达 91%，过量摄入饱和脂肪酸会导致血胆固醇升高，增加冠心病风险，所以并不适合食用油产品开发和市场拓展，椰油消费仍将以化工为主，世界椰油贸易格局自 20 世纪 90 年代至今总体保持相对稳定。从进口国区域结构来看，椰油主要集中在美国、德国和荷兰三个国家。1995 年三个国家进口量全球占比分别为 28.80%、15.00% 和12.30%。近十年来，德国椰油进口量逐年减少，到 2020 年进口量仅有 9.7 万吨。荷兰和美国随后进口量的全球占比可能会持续增高。受气候条件和自然地理条件影响，东南亚椰子生产和贸易出口国变化可能性很小，印度尼西亚、马来西亚和菲律宾的出口地位将继续保持。

第二章 中国特色油料生产与贸易发展

中国特色油料生产历史悠久，是世界特色油料主要生产、消费和贸易国。芝麻、胡麻籽、红花在中国种植历史可追溯至 2000 年前；蓖麻种植也已有 1400 多年的历史；中国最早记载向日葵的文献是明末学者赵崡所著《植品》，该书出版于 1617 年（万历四十五年），其中明确写道："又有向日菊者，万历间西番僧携种入中国。"至今已有 500 余年的历史。目前，中国特色油料主要分布在西北干旱、半干旱地区和黄淮、江淮地区。受资源禀赋以及气候影响，中国特色油料生产规模总体趋于减少。特色油料富含油脂以及独特的脂肪酸成分和生理活性物质，不仅具有食用价值，还具有较高的药用和综合经济价值，是居民食用植物油和休闲食品的重要供给来源。近年来，随着人口总量增加和城镇化进程加快，中国特色油料消费总量持续增长，产需缺口逐年增加，自国际市场进口规模快速增加。在综合考虑数据可获得性基础上，本章利用《中国统计年鉴》《中国农业统计资料》《中国海关统计年鉴》以及 UN Comtrade 数据库相关数据，重点对葵花籽、芝麻和胡麻籽三大特色油料作物生产规模、区域布局、贸易规模与结构变化等进行分析，总结中国特色油料产业生产与贸易基本情况和特征。

第一节 中国葵花籽生产与贸易发展情况

葵花籽是我国规模最大的特色油料作物。油用葵花籽含有丰富的亚油酸和油酸，是居民生活的优质油源，食用葵花籽是加工休闲食品的重要原料，市场需求旺盛。近年来中国葵花籽产业取得长足发展，在国际市场上的重要性日趋增强。

近年来，中国葵花籽产业不断发展壮大，对外贸易规模逐步提高，成为全球重要的葵花籽出口国和葵花籽油进口国。

一、葵花籽生产发展情况

（一）葵花籽种植规模呈先降后升又降的波动变化

2000～2007 年，中国葵花籽种植面积呈波动下降的趋势，2008～2014 年基本稳定在 90 万～100 万公顷。自 2015 年以来，中国葵花籽种植规模稳定增长，2016 年种植规模突破 120 万公顷，达 127.9 万公顷，为近年来峰值。自 2017 年以来，受国内葵花籽市场行情低迷的影响，农户葵花籽种植意愿下降，全国葵花籽种植面积持续缩减，2018 年仅为 92.1 万公顷，同比下降 21.3%（见表 2 - 1）。

表 2 - 1　2000～2018 年全国葵花籽种植面积变动情况　　单位：千公顷

年份	2000	2005	2010	2011	2012	2013	2014	2015	2016	2017	2018
种植面积	1229	1020.4	988.9	960.7	880.6	926.1	956.5	1086.5	1278.9	1170.8	921.4

资料来源：《中国统计年鉴》。

（二）葵花籽产量呈先增后降、整体增长的态势

自 2000 年以来，中国葵花籽产量先增后降，但整体保持增长态势。2016 年，中国葵花籽产量达 320.1 万吨，同比增长 11.5%，与 2000 年的 195.4 万吨相比，增长了 63.8%。之后，受种植面积缩减的影响，中国葵花籽产量大幅下降，2018 年为 249.4 万吨，比 2017 年的 314.9 万吨减少了 65.5 万吨，同比降幅为 20.8%，但与 2000 年的 195.4 万吨相比，仍然是增长的，增幅为 27.6%（见表 2 - 2）。

表 2 - 2　2000～2018 年中国葵花籽产量变动情况　　单位：万吨

年份	2000	2005	2010	2011	2012	2013	2014	2015	2016	2017	2018
产量	195.4	192.8	235.5	240.2	226.7	244.8	258.2	287.2	320.1	314.9	249.4

资料来源：《中国统计年鉴》。

（三）葵花籽生产区域主要分布在华北地区、西北地区和东北地区，内蒙古占比最大

中国葵花籽生产主要集中在华北的内蒙古、河北、山西，西北的新疆、甘

肃、陕西以及东北的吉林。其中位于华北主产区的内蒙古葵花籽种植面积最大、产量最高。从种植面积来看，2018 年内蒙古葵花籽种植面积为 564.4 千公顷，占全国的 61.3%；新疆种植面积为 127.9 千公顷，占比 13.9%。从产量来看，内蒙古、新疆的葵花籽产量稳定增长，2018 年分别为 147.6 万吨、41.0 万吨，分别占全国总产量的 59.2%、16.4%（见表 2－3）。

表 2－3 2018 年各省份葵花籽种植面积、产量排名情况

单位：千公顷，万吨，%

地区	种植面积	占比	产量	占比
内蒙古	564.4	61.3	147.6	59.2
新疆	127.9	13.9	41.0	16.4
河北	51.8	5.6	17.2	6.9
甘肃	50.8	5.5	15.6	6.3
山西	29.4	3.2	6.0	2.4
吉林	28.7	3.1	5.9	2.4
陕西	20.0	2.2	4.7	1.9
贵州	9.9	1.1	2.8	1.1
宁夏	7.6	0.8	1.8	0.7
云南	4.6	0.5	1.5	0.6
黑龙江	4.5	0.5	1.0	0.4
河南	4.5	0.5	0.8	0.3
湖北	3.5	0.4%	0.8	0.3
辽宁	3.4	0.4	0.7	0.3
四川	2.3	0.2	0.5	0.2
重庆	2.1	0.2	0.3	0.1
山东	1.4	0.1	0.3	0.1
湖南	1.3	0.1	0.3	0.1
安徽	1.1	0.1	0.3	0.1
广西	1.0	0.1	0.2	0.1
天津	0.5	0.1	0.1	0.0
北京	0.4	0.0	0.1	0.0
江苏	0.2	0.0	0.0	0.0

续表

地区	种植面积	占比	产量	占比
福建	0.2	0.0	0.0	0.0
江西	0.0	0.0	0.0	0.0
上海	0.0	0.0	0.0	0.0
浙江	0.0	0.0	0.0	0.0
广东	0.0	0.0	0.0	0.0
海南	0.0	0.0	0.0	0.0
青海	0.0	0.0	0.0	0.0
西藏	0.0	0.0	0.0	0.0

资料来源：《中国统计年鉴》。

（四）葵花籽生产模式以粗放型为主

目前，中国葵花籽仍然以家庭作坊式的粗放型生产模式为主，种植户的生产条件和管理能力参差不齐，多采用传统的技术手段。葵花籽生产标准化建设明显滞后于国际市场发展的需要，质量检测体系还不够健全，优质安全产品比重偏低，严重影响了产品的国际市场竞争力。

（五）葵花籽种植品种多元

目前，在主产区种植的向日葵品种既有国外培育的杂交品种，如 G101、S606、T562 等，也有国内培育的杂交品种，如龙食葵 1 号、龙食葵 2 号、龙食葵 3 号、龙食杂 1 号等常规食用品种，康地 5 号、内葵杂 2 号、内葵杂 4 号、陕葵杂 1 号、晋葵杂 6 号、龙葵杂 3 号、龙葵杂 4 号、白葵杂 4 号、白葵杂 6 号、新葵杂 4 号、新葵杂 6 号、宁葵杂 4 号、宁葵杂 5 号等油用向日葵杂交品种。向日葵种植品种存在一致性不高、品种多杂的现象。根据国家特色油料产业技术体系产业经济研究团队调研，县域内种植向日葵品种数量最高达 31 个，单一品种使用占比超过 60% 的县仅有 16 个，占监测县（42 个）比重为 38.1%，品种一致性高达 100% 的县仅有 4 个。

（六）中国在世界葵花籽市场上的重要性日趋增强

中国葵花籽生产发展迅猛，产量全球排名稳定在 3～5 名。2019 年位列全球第五，占世界总产量的比重为 4.3%。从生产品种来看，中国生产食用葵花籽具有明显优势，由此带动食用葵花籽出口规模不断扩大。从单产水平来看，中国葵花籽具有一定的单产优势，单产水平稳步提高，2019 年为 2847.1 千克/公顷，与全球平均单产 2048.8 千克/公顷相比，每公顷葵田可以多生产 798.3 千克的葵花籽。

二、葵花籽贸易发展情况

（一）葵花籽及葵花籽油贸易政策分析①

1. 进口贸易政策逐步放宽

葵花籽油富含人体必需的不饱和脂肪酸"亚油酸"和其他营养物质，在降低高血压、胆固醇、防治心脑血管疾病等方面具有一定作用，在国外被誉为"保健佳品""高级营养油""健康油"。随着国民生活水平的提高、健康养生意识的增强，人们对葵花籽油需求不断增加，由此推动了葵花籽油进口贸易发展。

1993 年 12 月 22 日，国务院批准《一般商品进口配额管理暂行办法》（以下简称《办法》），自 1994 年 1 月 1 日起对葵花籽油实行进口配额管理。根据该《办法》，葵花籽油年度进口配额总量由原国家计委根据国家外汇收支平衡状况、国内工农业生产建设需要和市场需求，以及国家对安全和环境保护方面的需要，会同有关部门提出，经国务院批准后，纳入国家年度国民经济和社会发展计划，并由原国家计委根据各地区、各部门实际经济发展状况和生产、建设需要分配下达。申请葵花籽油进口配额的企业可向本地区、本部门的一般商品进口配额管理机构申请，并且申报进口配额用途、进口支付能力以及上年进口配额实际完成情况等有关材料。企业在获得配额管理机构签发的进口配额证明后，有进口经营权的企业可以自主经营；无进口经营权的企业应委托有进口经营权的外贸企业对外经营。企业凭进口配额证明向外经贸部及其指定发证机关申领进口许可证，海关凭进口许可证验放。

2001 年 11 月，中国正式加入世界贸易组织，根据加入世界贸易组织议定书，中国逐步改革和削减了油料及植物油的进口控制措施，放开国内市场。具体而

---

① 由于我国葵花籽以出口为主，葵花籽油以进口为主，故此部分主要分析葵花籽油进口贸易政策和葵花籽出口贸易政策。

言，中国油料及植物油进口政策主要发生了以下变化：第一，降低关税、逐步取消关税配额（TRQ）。在 2002~2005 年的过渡期内，中国对葵花籽及葵花籽油仍实施关税配额管理，配额之内的植物油进口关税为 9%，配额以外的进口关税为 19.9%~52.4%。到 2006 年 1 月 1 日过渡期结束时，中国正式取消了大豆、油菜籽、花生油、葵花籽油、玉米油和棉籽油的关税配额制，实行 9% 的单一进口关税。第二，逐步取消国营贸易管理。2002 年中国植物油非国营与国营贸易企业分配比例为 66∶34，2005 年进一步减少到 90∶10，并自 2006 年 1 月 1 日起取消植物油的国营贸易管理，进口完全实行市场化。当前，葵花籽进口优惠税率为 15%，增值税率为 10%，进口普通税率为 70%；初榨的葵花籽油和红花油进口优惠税率为 9%，增值税率为 10%，进口普通税率为 160%；精制的葵花籽油和红花油及其分离品进口优惠税率为 9%，增值税率为 16%，进口普通税率为 160%。

2. 出口贸易政策基本稳定

葵花籽属于自由出口货物，在我国出口不受限制。具备合法的对外贸易经营资格的主体，都可以根据自身的实际需要对外签订葵花籽出口合同，办理葵花籽出口行为，无须获得有关主管部门的审批。2004~2017 年葵花籽增值税征税率为 13%，2018 年降为 11%，2020 年进一步降至 10%（见图 2-1）。为促进葵花籽对外贸易发展，中国对葵花籽出口采取了增值税出口退税措施。企业自营出口或委托代理出口葵花籽时，在向海关办理出口手续后凭出口报关单等有关凭证向主管出口退税业务的税务机关申报出口葵花籽的退税。根据中国出口退税咨询网相关数据，自 2004 年以来中国葵花籽出口退税税率稳定在 5%。葵花籽油目前没有出口退税政策。

（二）葵花籽贸易规模与结构变化

1. 葵花籽出口规模不断扩大，葵花籽油进口显著增加

自 2000 年以来，中国葵花籽及葵花籽油进出口贸易规模均有所增加，但由于我国向日葵加工产品开发严重滞后，在对外贸易中表现为原料出口量大、制成品进口量大的特点。其中，葵花籽以出口贸易为主，出口品种以未加工或初步加工的葵花籽为主，如葵花籽仁等，进口规模较小；产品附加值相对较高的葵花籽油主要以进口为主，出口规模不大。

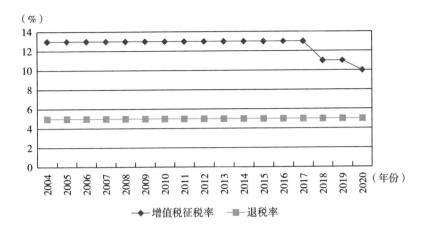

图2-1 2004~2020年中国葵花籽出口退税税率情况

资料来源：出口退税咨询网。

从葵花籽贸易来看，食用葵花籽出口规模不断扩大。一直以来，葵花籽贸易以出口为主，出口贸易规模占进出口总贸易规模的比重在75%以上。2000年中国葵花籽出口量为3.7万吨，此后逐步增加至2020年的50.8万吨，年平均增长率为14.0%。目前葵花籽出口量值已经超过了芝麻，成为中国出口食用油籽的第三大产品。

从葵花籽油贸易来看，葵花籽油进口显著增加，尤其是自2012年以来，进口增幅较为明显。2020年，中国葵花籽油进口量为195.4万吨，与2012年的10.7万吨相比增长了17倍多，与2000年的0.08万吨相比增长了2000多倍，中国成为世界葵花籽油进口量增幅最大的国家（见图2-2）。葵花籽油进口显著增加的原因：一是国内消费需求增加；二是国内外价格倒挂，部分年份中国进口的葵花籽油价格接近国产油用葵花籽收购价格。

2. 葵花籽及葵花籽油进口贸易来源国越发集中，出口目的市场相对分散

从进口来源市场来看，中国葵花籽进口集中度非常高，主要进口国别从以美国为主逐步调整为以哈萨克斯坦为主（见表2-4）。2000年中国自美国进口量为11.3千吨，占葵花籽进口总量的比重为95.7%，此后持续下跌，2020年仅进口26.6千吨，占比14.7%。哈萨克斯坦逐步发展成为中国第一大葵花籽进口来源国，自该国进口葵花籽数量呈逐步增长的趋势，从2005年的0.03千吨到2010年

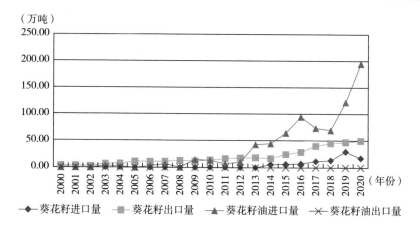

图 2-2 2000~2020 年中国葵花籽及葵花籽油进出口贸易变化

注：在中国海关统计中葵花籽油与红花籽油是一个税号，所以葵花籽油的进出口数据中包含红花籽油。下同。

资料来源：UN Comtrade 数据库。

表 2-4 2000~2020 年中国葵花籽主要进口来源国结构变迁

单位：千吨,%

2000 年			2005 年			2010 年		
国家	进口量	占比	国家	进口量	占比	国家	进口量	占比
美国	11.30	95.70	美国	0.50	50.50	哈萨克斯坦	3.80	51.00
印度	0.30	2.20	澳大利亚	0.30	30.00	美国	2.70	37.20
澳大利亚	0.10	1.00	以色列	0.10	10.80	智利	0.30	4.50
南非	0.10	0.90	印度	0.03	3.20	法国	0.20	3.00
以色列	0.01	0.10	哈萨克斯坦	0.03	3.00	阿根廷	0.20	2.60
2015 年			2017 年			2020 年		
国家	进口量	占比	国家	进口量	占比	国家	进口量	占比
哈萨克斯坦	67.70	98.20	哈萨克斯坦	121.20	99.30	哈萨克斯坦	116.70	64.60
美国	1.20	1.70	美国	0.40	0.30	俄罗斯	37.20	20.60
加拿大	0.02	0.03	中国	0.02	0.02	美国	26.60	14.70
意大利	0.01	0.02	西班牙	0.01	0.01	西班牙	0.00	0.00
西班牙	0.01	0.01	日本	0.005	0.004	日本	0.00	0.00

资料来源：中国海关统计。

的 3.8 千吨再到 2020 年的 116.7 千吨，占比也从 2005 年的 3.0% 到 2010 年的 51.0% 再到 2020 年的 64.6%。

中国葵花籽油进口市场越发集中，从主要自阿根廷进口转为主要自乌克兰、俄罗斯进口，且主要进口来源国占比逐步提高（见表 2-5）。2000 年，中国自阿根廷进口葵花籽油的数量为 0.5 千吨，占总进口量的比重为 65.2%。此后，从阿根廷进口葵花籽油的数量波动增加至 2010 年的 106.1 千吨，占比提高到 77.5%。随着乌克兰葵花籽产业的迅速崛起，加上与中国便利的区位条件，乌克兰逐渐发展成为中国葵花籽油的主要进口来源国。同时，随着中俄全面战略协作伙伴关系的逐步稳固和俄罗斯葵花籽压榨产能的不断增加，中国进口俄罗斯葵花籽油的数量也在攀升，成为第二大进口来源国。2020 年，自乌克兰进口葵花籽油数量为 1151.8 千吨，与 2015 年的 584.7 千吨相比增加了 567.1 千吨，增幅 97.0%，占比从 2015 年的 89.8% 降至 2020 年的 59.0%；自俄罗斯进口葵花籽油则由 2015 年的 29.8 千吨迅速增加到 2020 年的 736.1 千吨，增长 24.7 倍，占比提高了 33.1 个百分点。

表 2-5 2000~2020 年中国葵花籽油主要进口来源国家/地区结构变迁

单位：千吨，%

2000 年			2005 年			2010 年		
国家/地区	进口量	占比	国家/地区	进口量	占比	国家/地区	进口量	占比
阿根廷	0.50	65.20	阿根廷	0.50	40.80	阿根廷	106.10	77.50
马来西亚	0.10	18.40	马来西亚	0.30	21.00	乌克兰	21.70	15.90
澳大利亚	0.08	11.40	法国	0.20	17.50	土耳其	5.30	3.90
新加坡	0.04	4.70	中国台湾	0.20	13.20	西班牙	1.50	1.10
美国	0.001	0.20	美国	0.01	1.10	美国	0.90	0.60
2015 年			2017 年			2020 年		
国家/地区	进口量	占比	国家/地区	进口量	占比	国家/地区	进口量	占比
乌克兰	584.70	89.80	乌克兰	565.50	78.40	乌克兰	1151.80	59.00
俄罗斯	29.80	4.60	俄罗斯	114.90	16.20	俄罗斯	736.10	37.70
阿根廷	18.70	2.90	哈萨克斯坦	26.80	3.60	哈萨克斯坦	44.20	2.30
哈萨克斯坦	6.60	1.00	阿根廷	5.00	0.70	阿根廷	5.80	0.30
土耳其	4.70	0.70	西班牙	2.60	0.40	土耳其	3.50	0.20

资料来源：UN Comtrade 数据库。

从出口目的市场来看，中国葵花籽出口目的国家体量占比越来越分散，区域分布越来越集中（见表2-6）。2000年，中国葵花籽主要出口至印度尼西亚、马来西亚、德国、荷兰、缅甸等亚洲、欧洲国家，其中对印度尼西亚的出口量为13.0千吨，占总出口量的35.2%。之后，中国葵花籽的主要出口目的国逐渐转向伊朗、埃及、伊拉克、土耳其等中东国家。2020年，中国葵花籽主要出口到土耳其、埃及、伊拉克、西班牙和伊朗，出口占比分别为23.7%、15.8%、12.6%、5.9%和5.6%，第一大出口目的国土耳其的出口量占比不足25%。

表2-6　2000~2020年中国葵花籽主要出口目的国结构变迁

单位：千吨,%

2000 年			2005 年			2010 年		
国家	出口量	占比	国家	出口量	占比	国家	出口量	占比
印度尼西亚	13.0	35.2	德国	40.7	35.4	阿联酋	24.7	17.0
马来西亚	6.8	18.4	荷兰	21.8	19.0	埃及	22.2	15.2
德国	6.0	16.4	英国	11.1	9.6	伊朗	10.8	7.4
荷兰	6.0	16.4	俄罗斯	5.5	4.8	越南	10.6	7.3
缅甸	1.1	2.9	美国	4.8	4.2	德国	10.2	7.0
2015 年			2017 年			2020 年		
国家	出口量	占比	国家	出口量	占比	国家	出口量	占比
伊朗	76.0	30.2	伊朗	110.2	26.9	土耳其	120.3	23.7
埃及	54.3	21.5	埃及	74.6	18.2	埃及	80.3	15.8
伊拉克	31.6	12.5	伊拉克	53.4	13.0	伊拉克	64.0	12.6
越南	20.4	8.1	土耳其	45.4	11.1	西班牙	29.9	5.9
缅甸	9.3	3.7	越南	21.0	5.1	伊朗	28.4	5.6

资料来源：中国海关统计。

中国葵花籽油出口市场相对分散，且国别结构变动较大，但主要还是出口到新加坡、菲律宾、泰国、马来西亚、朝鲜等亚洲国家（见表2-7）。2000年，中国的葵花籽油主要出口至日本，出口量29.6吨，占比65.6%。近年来，新加坡、泰国、马来西亚逐渐成为中国葵花籽油主要出口目的市场。其中，中国与新加坡葵花籽油贸易发展迅猛，2015年中国出口至新加坡的葵花籽油数量突破1000吨，占出口总量的比重超过 80%。随着贸易国别的多元化，新加坡出口量及占比持续下降，2020 年为 760.7 吨，占比 25.1%。泰国、马来西亚逐步成为中国葵花籽油重要出口市场，2020 年出口量分别为 745.6 吨和 730.6 吨，占比分别为 24.6% 和 24.1%。

表 2-7　2000～2020 年中国葵花籽油主要出口目的国家/地区结构变迁

单位：吨,%

2000 年			2005 年			2010 年		
国家/地区	出口量	占比	国家/地区	出口量	占比	国家/地区	出口量	占比
日本	29.6	65.6	亚洲其他国家/地区	1016.8	90.7	美国	27.2	30.1
荷兰	14.8	32.8	韩国	71.5	7.3	荷兰	22.1	24.4
中国香港	0.5	1.1	美国	14.8	1.3	中国香港	16.4	18.1
美国	0.2	0.5	马来西亚	4.6	0.4	韩国	16.0	17.7
—	—	—	澳大利亚	3.0	0.3	马来西亚	4.4	5.6
2015 年			2017 年			2020 年		
国家/地区	出口量	占比	国家/地区	出口量	占比	国家/地区	出口量	占比
新加坡	1192.8	80.7	新加坡	843.6	41.7	新加坡	760.7	25.1
菲律宾	225.6	15.3	朝鲜	726.0	35.9	泰国	745.6	24.6
中国香港	22.7	1.5	马来西亚	298.2	14.7	马来西亚	730.6	24.1
澳大利亚	21.1	1.4	尼日利亚	82.8	4.1	中国香港	301.2	9.9
中国澳门	3.9	0.3	乌克兰	26.1	1.3	蒙古	269.3	8.9

资料来源：UN Comtrade 数据库。

第二节　中国芝麻生产与贸易发展情况

芝麻是我国重要的优质油料作物之一，不仅为人们提供优质食用油和蛋白质，而且内含丰富的维生素 E、不饱和脂肪酸和抗氧化物质芝麻酚，在抗衰老和保健方面备受关注。随着中国经济快速发展、居民收入提高和国内芝麻加工业的兴起，芝麻消费需求逐年增加，国际贸易飞跃发展。目前，中国是全球芝麻第六大生产国和第一大进口国，产量和进口量分别占全球的7.2%和60%。

一、芝麻生产发展情况

（一）种植规模持续下滑

2000年以来，我国芝麻的种植面积持续下滑。2019年芝麻种植面积为283千公顷，比2000年的784千公顷减少了501千公顷，降幅达63.9%（见图2-3）。

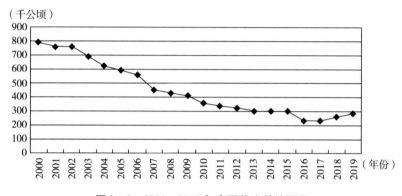

图2-3　2000～2019年全国芝麻种植面积

资料来源：《中国农村统计年鉴》。

芝麻在我国各省份均有种植，主要集中在中部地区。西起湖北襄樊，经河南南阳、驻马店、周口至安徽阜阳、宿县等地形成一条芝麻种植集中带，并以此为核心向南北辐射，形成了包括黄淮平原、江淮平原、江汉平原在内的芝麻主产区。河南、湖北、安徽等省份是我国芝麻生产的中心，种植面积大，长久以来占全国总面积的70%以上。其中，河南是芝麻生产大省，种植面积下降幅度较大。2019年种植面积114.7千公顷，比2000年的254.9千公顷下降了140.2千公顷，同比减少55.0%。湖北种植面积仅次于河南，种植面积较为稳定。2019年为77.2千公顷，比2000年的143.8千公顷下降了66.6千公顷，同比下降46.3%。近几年安徽芝麻种植面积减少较多，2019年为11.0千公顷，比2000年的158.5千公顷下降了147.5千公顷，同比下降93.1%。除三大芝麻主产区外，江西的芝麻产业在全国也占有重要地位，是我国继河南、湖北、安徽之后的第四大芝麻主产区，也是全国黑芝麻最大产区。作为江西特色优势农产品，近年来芝麻的种植面积稳定在 31 千公顷左右。其中 2019 年种植面积 29.1 千公顷，比 2000 年的 49.0 千公顷下降了 19.9 千公顷，同比减少 40.6%。2019 年湖南种植面积排名第 4，为 11.1 千公顷，与 2000 年相比增长了 50.0%。陕西、江苏、重庆的种植面积维持在 4 千公顷以上，2019 年分别为 7.2 千公顷、5.8 千公顷、4.3 千公顷，较 2000 年的 32.8 千公顷、18.2 千公顷、6.8 千公顷分别下降了 25.6 千公顷、12.4 千公顷、2.5 千公顷（见表 2-8）。

表 2-8　2000~2019 年全国芝麻种植面积变动情况

单位：千公顷，%

分布	地区	2000 年	2005 年	2010 年	2015 年	2016 年	2017 年	2018 年	2019 年
芝麻主产区	河南	254.90	210.50	176.00	172.00	166.30	84.10	108.70	114.70
	湖北	143.80	102.50	92.50	86.40	85.60	62.70	67.90	77.20
	安徽	158.50	109.00	52.30	48.20	47.00	4.50	7.30	11.00
	占全国比重	71.04	71.13	71.75	72.71	74.35	66.45	70.11	71.72
其他省份	江西	49.00	30.60	31.60	30.70	31.20	27.50	29.80	29.10
	湖南	7.40	7.60	8.90	10.90	11.70	10.50	10.90	11.10
	陕西	32.80	16.60	15.60	10.30	10.20	9.20	6.40	7.20
	江苏	18.20	11.90	10.80	9.10	8.70	4.00	5.80	5.80
	重庆	6.80	7.00	7.70	6.60	6.50	9.70	4.10	4.30
	河北	25.90	15.20	7.90	6.20	5.70	1.40	1.60	1.40
	浙江	4.10	3.90	5.30	5.50	5.40	0.00	5.10	5.40
	广西	7.30	4.90	5.20	5.30	5.40	2.80	3.00	3.10
	四川	4.10	4.50	3.70	3.40	3.40	1.40	1.60	1.40
	吉林	8.40	32.10	8.40	3.90	3.10	0.90	1.70	1.70
	广东	2.80	1.60	2.10	3.00	3.00	3.10	3.30	3.20
	山西	20.10	6.00	4.50	2.30	2.20	1.40	2.10	1.70
	内蒙古	8.80	7.70	4.60	1.50	1.80	2.00	1.10	1.20
	福建	1.40	1.30	1.30	1.40	1.40	0.20	0.20	0.20
	海南	5.30	3.30	2.50	1.20	1.10	0.90	1.00	1.00
	山东	5.60	1.80	0.70	0.60	0.70	0.40	0.50	0.60

续表

分布	地区	2000 年	2005 年	2010 年	2015 年	2016 年	2017 年	2018 年	2019 年
其他省份	黑龙江	2.00	7.70	0.50	0.40	0.50	0.00	0.40	0.50
	贵州	0.50	0.30	1.70	0.40	0.50	0.50	0.40	0.40
	新疆	0.70	0.20	1.20	11.40	0.30	0.10	0.30	0.10
	云南	0.60	0.30	0.20	0.20	0.20	0.20	0.10	0.10
	甘肃	0.00	0.00	0.00	0.20	0.20	0.00	0.00	0.00
	辽宁	13.90	6.40	1.50	0.20	0.10	0.30	0.20	0.10
	上海	0.00	0.00	0.10	0.10	0.10	0.00	0.1	0.10
	宁夏	0.00	0.00	0.30	0.10	0.10	0.00	0.00	0.00
	北京	0.40	0.10	0.04	0.034	0.0001	0.00	0.00	0.00
	天津	1.10	0.30	0.10	0.10	0.00	0.00	0.00	0.00
	西藏	0.00	0.00	0.00	0.00	0.00	0.00	0.00	0.00
	青海	0.00	0.00	0.00	0.00	0.00	0.00	0.00	0.00
	占全国比重	28.96	28.87	28.25	27.29	25.65	33.55	29.89	28.28

资料来源：历年《中国农业统计资料》《新中国农业 60 年统计资料》《中国农村统计年鉴》。

（二）全国芝麻产量略有降低

2000 年以来，我国芝麻产量总体呈波动下降趋势，2017 年以来产量有所回升。2019 年我国芝麻总产量为 46.7 万吨，比 2000 年的 81.1 万吨降低了 34.4 万吨，同比下降 42.4%。

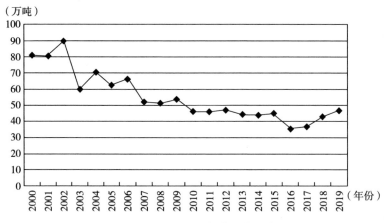

图 2 - 4　2000 ~ 2019 年全国芝麻产量

资料来源：《中国农村统计年鉴》。

从三大芝麻主产区看，芝麻产量下降较快，由 2000 年的 60.1 万吨降低到 2019 年的 34.5 万吨，下降 25.6 万吨。但是三大主产区的芝麻产量占全国的比重变化不大，由 2000 年的 74.1% 下降到 2019 年的 73.9%。河南是我国生产量最大的省份，占全国比重的 40% 以上。近年来河南产量波动较大，2019 年为 19.9 万吨，比 2000 年的 22.0 万吨下降 2.1 万吨，同比下降 9.5%。湖北省的芝麻产量下降较快，2019 年产量为 12.9 万吨，比 2000 年的 21.5 万吨下降了 8.6 万吨，下降 40.0%。安徽作为我国芝麻生产第三的省份，近年来芝麻产量波动较大，由 2000 年的 16.6 万吨，下降至 2019 年的 1.7 万吨，下降了 14.9 万吨，同比下降 89.8%。

江西、江苏、陕西、湖南四省的芝麻产量均超过 1 万吨，在我国芝麻产业发展中占有重要地位。其中江西 2019 年芝麻产量 3.6 万吨，与 2000 年的 3.3 万吨增加 0.3 万吨，同比增加 9.1%；江苏芝麻产量基本稳定，2019 年芝麻产量为 1.1 万吨，较 2000 年下降 1.6 万吨；陕西 2019 年芝麻产量 1.2 万吨，与 2000 年的 3.3 万吨相比下降了 2.1 万吨，同比减少 63.6%；湖南芝麻产量波动中上涨，2019 年 1.6 万吨，比 2000 年增加 0.8 万吨，增长 1 倍。整体来看，我国其他省份的芝麻产量基本也呈增加状态，但是增产幅度不大（见表 2 - 9）。

表 2 - 9　2000 ~ 2019 年全国芝麻产量变动情况　　单位：万吨，%

分布	地区	2000 年	2005 年	2010 年	2015 年	2016 年	2017 年	2018 年	2019 年
芝麻主产区	河南	22.00	22.10	23.22	27.34	27.23	14.10	18.80	19.90
	湖北	21.50	13.70	13.93	14.51	14.42	10.5	11.40	12.90
	安徽	16.60	9.00	6.61	7.08	7.19	0.70	1.10	1.70
	占全国比重	74.11	71.68	74.59	76.40	77.41	69.03	72.54	73.88
其他省份	江西	3.30	2.50	2.84	3.60	3.70	3.30	3.70	3.60
	江苏	2.70	1.80	1.81	1.69	1.62	0.80	1.00	1.10
	陕西	3.30	1.70	2.21	1.66	1.60	1.50	1.10	1.20
	湖南	0.80	1.00	1.26	1.47	1.57	1.40	1.50	1.60
	浙江	0.50	0.60	0.84	0.93	0.91	0.00	0.90	1.00
	河北	2.00	1.50	1.05	0.85	0.77	0.20	0.20	0.20

续表

分布	地区	2000 年	2005 年	2010 年	2015 年	2016 年	2017 年	2018 年	2019 年
其他省份	广西	0.60	0.50	0.59	0.74	0.76	1.70	1.20	1.20
	吉林	1.10	3.50	1.25	0.63	0.68	0.00	0.10	0.20
	重庆	0.50	0.70	0.68	0.68	0.66	1.00	0.40	0.50
	广东	0.30	0.20	0.24	0.45	0.47	0.50	0.60	0.60
	四川	0.40	0.60	0.47	0.45	0.45	0.20	0.20	0.30
	山西	1.90	0.40	0.43	0.20	0.22	0.10	0.20	0.20
	福建	0.10	0.10	0.15	0.18	0.18	0.00	0.00	0.00
	内蒙古	0.50	0.90	0.20	0.12	0.15	0.20	0.10	0.10
	海南	0.60	0.20	0.25	0.17	0.14	0.10	0.00	0.00
	山东	1.00	0.20	0.12	0.11	0.13	0.10	0.10	0.10
	黑龙江	0.10	0.80	0.05	0.05	0.08	0.10	0.10	0.10
	贵州	0.00	0.00	0.03	0.05	0.06	0.10	0.10	0.10
	新疆	0.00	0.00	0.15	0.91	0.05	0.00	0.00	0.00
	云南	0.00	0.00	0.02	0.01	0.02	0.00	0.00	0.00
	上海	0.00	0.00	0.01	0.02	0.01	0.00	0.00	0.00
	辽宁	0.80	0.60	0.2176	0.04	0.01	0.10	0.10	0.00
	天津	0.10	0.00	0.0184	0.01	0.01	0.00	0.00	0.00
	北京	0.00	0.00	0.0039	0.0031	0.0029	0.00	0.00	0.00
	宁夏	0.00	0.00	0.0083	0.02	0.00	0.00	0.00	0.00
	甘肃	0.00	0.00	0.00	0.087	0.001	0.00	0.00	0.00
	西藏	0.00	0.00	0.00	0.00	0.00	0.00	0.00	0.00
	青海	0.00	0.00	0.00	0.00	0.00	0.00	0.00	0.00
	占全国比重	25.89	28.32	25.41	23.60	22.59	30.97	27.46	26.12

资料来源：历年《中国农业统计资料》《新中国农业 60 年统计资料》《中国统计年鉴》。

（三）全国单产水平稳定提升，地区间差异明显

全国各地区的单产水平呈普遍提升的特点。2019 年全国芝麻单产为 1651 千克/公顷，比 2000 年的 1034 千克/公顷增加了 617 千克/公顷，同比增长 59.7%（见图 2 - 5）。

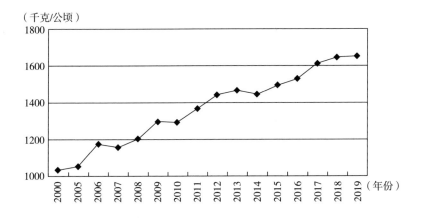

图 2 - 5　2000 ~ 2019 年全国芝麻单产变动情况

资料来源:《中国统计年鉴》。

从三大主产区看,河南、湖北、安徽都呈现上升趋势。作为全国最大的芝麻生产地,河南的单产水平突破 1700 千克/公顷。2019 年芝麻单产为 1736 千克/公顷,比 2000 年的 863 千克/公顷增加了 873 千克/公顷。湖北芝麻单产低于河南,依旧稳定在 1600 千克/公顷之上。2019 年单产为 1673 千克/公顷,比 2000 年的 1498 千克/公顷增加了 516 千克/公顷,增长了 11.7%。安徽芝麻单产低于河南和湖北,但是也突破了 1500 千克/公顷。2019 年单产为 1565 千克/公顷,比 2000 年的 1049 千克/公顷增加了 516 千克/公顷,增长了 49.2%。整体来看,三大主产区芝麻单产平均水平较高,2019 年为 1658 千克/公顷,是带动全国单产水平提升的关键因素。

从其他地区来看,广西单产水平最高,2019 年达 3840 千克/公顷。但是由于广西芝麻种植面积少,产量低,在全国中的比例小,对全国单产水平的变动影响并不大。除此之外,江苏、广东、浙江单产水平较高,分别达到了 1895 千克/公顷、1871 千克/公顷、1851 千克/公顷。北京、山西、内蒙古的单产水平较低,均未能超过 1000 千克/公顷;2019 年天津、上海、四川、云南、山东芝麻单产增加较多,均超过 1000 千克/公顷,其中天津同比增加 569 千克/公顷(见表 2 - 10)。整体来看,全国各地区单产水平普遍提升,但受自然条件、技术水平、政策等因素的影响,地区间仍有较大差异。

表 2-10　2000～2019 年全国芝麻单产变动情况　单位：千克/公顷

分布	地区	2000 年	2005 年	2010 年	2015 年	2016 年	2017 年	2018 年	2019 年
芝麻主产区	河南	863	1049	1320	1590	1637	1674	1731	1736
	湖北	1498	1334	1506	1681	1684	1682	1683	1673
	安徽	1049	822	1263	1469	1529	1565	1541	1565
	均值	1078.6	1061.6	1364.0	1596.0	1633.7	1640.3	1651.7	1658.0
其他省份	甘肃	—	—	—	3787	3787	—	—	—
	吉林	1366	1101	1489	1601	2133	927	1442	1180
	江苏	1497	1533	1674	1853	1869	1915	1907	1895
	山东	1809	1339	1694	1759	1821	1692	1680	1813
	新疆	946	920	1220	798	1730	938	1500	1491
	浙江	1289	1528	1590	1683	1695	—	1810	1851
	黑龙江	567	1029	1019	1483	1597	1564	2098	1813
	广东	1025	1006	1139	1511	1590	1692	1834	1871
	陕西	1011	1014	1416	1612	1577	1647	1698	1699
	上海	—	—	769	1537	1512	1357	1427	1753
	辽宁	596	943	1490	1577	1442	1980	3409	1609
	广西	783	932	1121	1385	1420	5939	3989	3840
	天津	619	1064	1415	1547	1402	1321	1347	1916
	河北	784	957	1340	1381	1353	1423	1336	1462
	湖南	1073	1272	1417	1344	1346	1367	1379	1413
	四川	1101	1328	1292	1332	1329	1322	1563	1843
	福建	794	990	1189	1297	1313	1346	1298	1383
	贵州	670	671	204	1138	1280	1349	1337	1462
	海南	1074	555	997	1409	1265	1260	1358	1205
	江西	682	827	900	1173	1187	1196	1226	1238
	北京	1044	960	975	923	1030	1178	1230	906
	重庆	736	975	886	1019	1012	1022	1077	1106
	山西	952	716	966	851	970	852	902	957
	内蒙古	559	1111	434	828	857	942	741	772
	云南	519	672	720	648	791	824	832	1087
	宁夏	—	—	296	1614	556	—	—	—
	西藏	—	—	—	—	—	—	—	—

续表

分布	地区	2000 年	2005 年	2010 年	2015 年	2016 年	2017 年	2018 年	2019 年
其他	青海	—	—	—	—	—	—	—	—
省份	均值	911.1	1039.1	1179.2	1313.9	1377.2	1524.0	1600.8	1565.2

资料来源：历年《中国农业统计资料》《新中国农业 60 年统计资料》《中国统计年鉴》。

二、芝麻贸易发展情况

（一）芝麻产业贸易政策分析

1. 芝麻进口政策

基于检验检疫的要求，中国只从特定国家进口芝麻，包括印度、墨西哥、泰国等 64 个国家。根据是否与中国签订互惠贸易协议，芝麻进口关税分为 70%、10%、5%、0% 和其他协定税率五个水平。自 2005 年 1 月 1 日起，中国政府陆续给予埃塞俄比亚等 28 个非洲最不发达国家 194 个税目的商品零关税待遇，包括芝麻产品。自 2007 年 7 月 1 日起，中国给予 26 个非洲最不发达国家 454 个税目输华商品零关税待遇，包括税号为 12074090 的其他芝麻产品[①]。芝麻进口零关税待遇的国家还包括缅甸和智利。5% 进口关税待遇的国家有文莱、印度尼西亚、马来西亚、菲律宾、泰国、越南、巴基斯坦、新西兰。进口符合检验检疫规定的最惠国成员芝麻的进口税率为 10%，其他国家为 70%。

2. 芝麻出口政策

芝麻属于自由出口货物，出口不受限制。具备合法的对外贸易经营资格的主体，都可以根据自身的实际需要，对外签订芝麻出口合同，办理芝麻出口行为，无须获得有关主管部门的审批。

（二）芝麻产业贸易规模与结构变化

1. 芝麻进口增长较快，贸易逆差不断扩大

自 2000 年以来，我国芝麻种植面积逐渐萎缩，国内消费不断增加，芝麻产需缺口逐步扩大。自 2004 年开始，我国由芝麻净出口国转变为净进口国，2004～2019 年，我国芝麻进口量由 9.8 万吨增至 81.3 万吨，年均增长 15.1%，

---

① 资料来源：商务部网站，http://www.mofcom.gov.cn/article/b/e/200707/20070704859371.shtml。

芝麻出口量由 4.2 万吨增至 5.6 万吨，年均增长 2.0%，贸易逆差由 0.3 亿美元扩大至 10.9 亿美元，年均增长 27.3%。2019 年，芝麻进口量 81.3 万吨，同比下降 1.8%；出口量 5.6 万吨，同比增长 19.1%；贸易逆差为 10.9 亿美元（见图 2-6）。

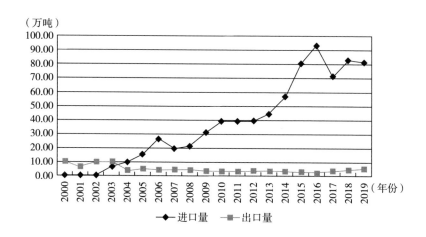

图 2-6　2000~2019 年中国芝麻进出口贸易变化

资料来源：中国海关统计。

2. 芝麻进口集中度较高，进口来源国向非洲集中

从进口来源市场来看，中国芝麻进口集中度较高，进口国别由亚洲国家向非洲国家集中。2000 年中国自印度进口芝麻占进口总量的 44.6%（见表 2-11），此后进口量持续下降，2017 年仅为 0.9%。中国自缅甸进口芝麻占比由 2000 年的 25.7% 下降至 2017 年的 1.2%。2002 年中国开始从非洲少量进口芝麻，自 2005 年 1 月 1 日起，中国陆续对非洲 28 个不发达国家的进口芝麻实施零关税待遇，自此中国自非洲进口芝麻数量逐年上升，2019 年进口来源前五位的均为非洲国家，占比 80.9%。自 2005 年起，埃塞俄比亚成为中国第一大芝麻进口来源国，此后进口优势不断被苏丹等非洲国家取代，2019 年苏丹成为中国芝麻最大进口来源国，进口量占总量的 21.1%，尼日尔是中国芝麻第二大进口来源国，进口量占总量的 19.2%。

表 2-11　2000~2019 年中国芝麻主要进口来源国/地区结构变迁

单位: 万吨,%

2000 年			2005 年			2010 年		
国家/地区	进口量	占比	国家/地区	进口量	占比	国家/地区	进口量	占比
印度	0.11	44.6	埃塞俄比亚	8.00	52.0	埃塞俄比亚	17.00	43.6
缅甸	0.06	25.7	苏丹	2.30	15.0	苏丹	4.40	11.3
中国	0.03	11.2	坦桑尼亚	1.80	11.9	坦桑尼亚	3.70	9.5
韩国	0.02	6.7	印度	1.20	7.5	缅甸	3.50	9.0
中国香港	0.01	5.7	缅甸	0.70	4.3	印度	2.80	7.0
2015 年			2017 年			2019 年		
国家/地区	进口量	占比	国家/地区	进口量	占比	国家/地区	进口量	占比
埃塞俄比亚	18.70	23.2	埃塞俄比亚	21.10	29.7	苏丹	17.10	21.1
多哥	13.10	16.3	苏丹	18.10	25.5	尼日尔	15.60	19.2
坦桑尼亚	10.60	13.2	尼日尔	10.50	14.7	埃塞俄比亚	11.20	13.8
苏丹	9.30	11.5	坦桑尼亚	6.90	9.7	多哥	10.90	13.4
尼日尔	8.50	10.6	多哥	4.40	6.1	坦桑尼亚	10.90	13.4

资料来源: 中国海关统计。

3. 芝麻出口集中度很高, 出口市场主要在亚洲

从出口市场来看, 中国芝麻出口市场相对稳定, 出口集中度很高, 主要集中在亚洲的日本、韩国和中国香港。2000 年日本是中国芝麻的最大出口市场, 出口量占中国出口总量的 51.1%。自 2003 年起, 韩国超过日本成为中国芝麻第一大出口市场, 随后这一优势不断巩固, 2019 年中国出口韩国的芝麻量占中国芝麻出口总量的 84.1% (见表 2-12)。此外, 澳大利亚、美国也是中国芝麻的出口市场。

表 2-12　2000~2019 年中国芝麻主要出口国/地区结构变迁

单位: 千吨,%

2000 年			2005 年			2010 年		
国家/地区	进口量	占比	国家/地区	进口量	占比	国家/地区	进口量	占比
日本	52.8	51.1	韩国	28.6	55.9	韩国	29.1	82.4

续表

2000 年			2005 年			2010 年		
国家/地区	进口量	占比	国家/地区	进口量	占比	国家/地区	进口量	占比
韩国	38.1	36.9	日本	19.8	38.7	日本	4.3	12.3
澳大利亚	3.3	3.2	澳大利亚	0.5	1.0	澳大利亚	0.4	1.3
以色列	1.8	1.8	中国香港	0.4	0.7	中国香港	0.4	1.1
朝鲜	1.2	1.2	德国	0.3	0.6	美国	0.3	0.9
2015 年			2017 年			2019 年		
国家/地区	进口量	占比	国家/地区	进口量	占比	国家/地区	进口量	占比
韩国	2.9	85.0	韩国	31.7	77.7	韩国	4.2	84.1
日本	0.2	5.9	日本	4.4	10.9	日本	0.20	4.0
中国香港	0.1	1.7	中国台湾	1.3	3.1	越南	0.12	2.4
美国	0.1	1.5	美国	0.9	2.1	泰国	0.10	2.0
澳大利亚	0.03	1.0	中国香港	0.6	1.5	德国	0.07	1.5

资料来源：中国海关统计。

第三节　中国胡麻籽生产与贸易发展情况

胡麻籽是我国特色油料的重要组成，主要分布在西北地区和华北地区。既是主产区农民收入的来源，也是当地居民食用植物油的原料来源。受生产规模萎缩、消费需求持续增加影响，中国胡麻籽产需缺口不断扩大，贸易规模也持续扩大，已经成为全球第二大胡麻籽进口国，贸易量占全球总量近1/4。本节主要分析中国胡麻籽生产与贸易发展情况。

一、胡麻籽生产发展情况

（一）种植面积持续下滑

自2002年以来，我国胡麻的种植面积连年下滑。2002～2018年年均下降13.8千公顷，年均降幅为4.1%。2002年全国胡麻种植面积为452.7千公顷，之后三年连续下降，到2005年种植面积已不足400千公顷；2005～2010年保持年均20.9千公顷的减少量，2010年全国胡麻种植面积跌破300千公顷，之后五年降速有所减缓。2015年我国胡麻种植面积降至244.1千公顷，且持续下滑；2018年胡麻种植面积降至231.9千公顷，仅为2000年种植面积的46.6%。我国胡麻主要分布在西北和华北北部的干旱、半干旱高寒地区，其中甘肃、内蒙古、山西、宁夏、河北、新疆是我国六大胡麻主产区。这六个省份的胡麻种植面积占到了全国总面积的97%以上，对我国胡麻产业的发展有着重要影响。2018年主产区种植面积为226.3千公顷，占全国总面积的97.6%。

从各地区情况来看，除甘肃和宁夏外，2018年胡麻主产区的种植面积都出现了不同幅度的下降。其中内蒙古种植面积下降最大，降幅也最为明显，由2017年的63.3千公顷下降至2018年的50.2千公顷，同比降幅20.8%；山西、新疆胡麻种植面积虽与上年相比降幅不大，但总体下降趋势也较为明显，与2010年相比降幅过半左右。河北胡麻种植面积2010年以来一直维持在30千~40千公顷，保持相对稳定。甘肃是全国种植面积最大的省份，2018年为81.9千公顷，比2017年的66.4千公顷增加了15.5千公顷，扭转了种植面积持续减少的局面。宁夏胡麻种植面积也是多年来持续下降，2018年实现了扭转，种植面积由2017年的19.4千公顷增加到了22.1千公顷（见表2-13）。

表2-13　2000~2018年全国胡麻种植面积变动情况

单位：千公顷，%

分布	地区	2000年	2005年	2010年	2015年	2016年	2017年	2018年	排序
	全国总计	497.90	397.70	293.30	244.10	243.10	234.60	231.90	—
胡麻主产区	甘肃	143.00	129.80	94.30	68.30	66.30	66.40	81.90	1
	内蒙古	100.80	55.90	46.80	67.60	74.60	63.30	50.20	2
	山西	83.10	82.10	62.70	42.80	39.30	35.40	32.50	3
	宁夏	40.70	55.90	38.60	23.70	20.10	19.40	22.10	5
	河北	90.60	43.40	39.70	31.40	30.20	38.10	35.70	4
	新疆	24.50	17.40	8.80	6.60	6.40	5.00	4.00	6
	主产区面积	482.70	384.50	291.10	240.40	236.90	227.60	226.30	—
	占全国比重	97.00	96.69	99.20	98.50	97.50	97.00	97.60	—

续表

分布	地区	2000 年	2005 年	2010 年	2015 年	2016 年	2017 年	2018 年	排序
	陕西	7.70	11.00	0.00	1.66	3.77	4.63	3.40	7
	青海	6.10	2.10	2.10	1.98	1.73	1.65	2.20	8
其他省份	湖北	0.00	0.01	0.00	0.00	0.00	0.00	0.00	11
	贵州	0.00	0.04	0.00	0.02	0.02	0.02	0.01	9
	云南	0.00	0.01	0.06	0.02	0.02	0.03	0.01	10
	天津	0.00	0.00	0.00	0.00	0.01	0.00	0.00	12
	安徽	0.00	0.00	0.00	0.00	0.00	0.00	0.00	13

资料来源：历年《中国农业统计资料》《新中国农业 60 年统计资料》。

（二）产量基本稳定

我国胡麻产量并没有随种植面积的下滑而降低，自 2000 年以来始终保持着 30 万吨以上的年产量。与 2017 年的 30.10 万吨相比，2018 年我国胡麻总产量略有增加，为 33.50 万吨，同比增长 11.3%。从六大胡麻主产区来看，2000～2009 年处于波动减少状态，最高年份为 2003 年，产量达 45.10 万吨；最低年份为 2007 年，产量为 26.90 万吨。2010 年开始产量趋于稳定，主产区胡麻产量维持在 30.00 万～33.50 万吨。

分地区来看，主产区中的甘肃、宁夏和河北胡麻产量有所增加，2018 年分别为 15.20 万吨、3.60 万吨和 3.40 万吨，与 2000 年的 14.50 万吨、2.50 万吨和 1.40 万吨相比，增幅分别为 5.0%、44.8% 和 144.3%。其中，甘肃省胡麻种植面积最大，总产量也最高，长久以来占全国总产量的 1/3 以上。内蒙古胡麻产量近几年稳居全国第二，2018 年产量为 6.30 万吨，与 2000 年基本持平。山西和新疆胡麻产量下降趋势很明显，2018 年分别为 3.50 万吨和 0.70 万吨，与 2000 年的 5.10 万吨和 3.60 万吨相比，减幅分别为 31.0% 和 81.1%。在我国其他省份中，陕西和青海的胡麻产量也具有一定规模，2018 年分别为 0.40 万吨和 0.30 万吨，陕西产量高于 2000 年的产量水平（见表 2 - 14）。

（三）单产稳步提升

单产水平的提升是降低种植面积下滑带来的负面影响，确保我国胡麻总产量稳定的关键。自 21 世纪以来，我国胡麻的单产水平总体呈现波浪式增长，由

表 2-14　2000～2018 年全国胡麻产量变动情况　　　　单位：万吨,%

分布	地区	2000 年	2005 年	2010 年	2015 年	2016 年	2017 年	2018 年	排序
	全国总计	34.40	36.20	31.40	31.20	32.50	30.10	33.50	—
胡麻 主产区	甘肃	14.50	16.20	13.60	12.10	12.00	11.70	15.20	1
	内蒙古	6.50	4.60	2.70	5.90	7.70	5.90	6.30	2
	宁夏	2.50	5.80	5.10	4.30	3.40	3.00	3.60	3
	山西	5.10	3.80	5.60	4.10	4.20	3.50	3.50	4
	河北	1.40	2.30	2.60	3.00	3.10	3.80	3.40	5
	新疆	3.60	2.40	1.30	1.30	1.20	0.90	0.70	6
	主产区产量	33.60	35.10	31.00	30.70	31.60	28.90	32.80	—
	占全国比重	97.70	97.00	98.70	98.40	97.10	96.00	97.70	—
其他 省份	陕西	0.30	0.90	0.00	0.18	0.60	0.90	0.40	7
	青海	0.30	0.30	0.40	0.30	0.30	0.30	0.30	8
	湖北	0.00	0.00	0.00	0.00	0.00	0.00	0.00	9
	贵州	0.00	0.00	0.00	0.00	0.01	0.01	0.00	10
	天津	0.00	0.00	0.00	0.00	0.00	0.00	0.00	11
	云南	0.00	0.00	0.00	0.00	0.00	0.00	0.00	12
	安徽	0.00	0.00	0.00	0.00	0.00	0.00	0.00	13

资料来源：历年《中国农业统计资料》《新中国农业 60 年统计资料》。

2000 年的 690 千克/公顷增加到 2018 年的 1446 千克/公顷，增幅高达 109.6%，年均增幅为 4.2%。2003 年，我国胡麻单产水平首次突破 1000 千克/公顷，2010 年之前一直在 1000 千克/公顷上下波动；2011 年突破 1200 千克/公顷，并继续维持增长态势；2018 年上升到 1400 千克/公顷，创历史新高。

在我国六大主产区中，甘肃旱作农业区分布广、范围大，有适应胡麻生产的气候条件和土地资源。该地区有着悠久的胡麻种植历史，积累了丰富的经验，单产水平也一直位于全国前列。2018 年甘肃胡麻单产 1859 千克/公顷，比全国的平均水平每公顷多产 413 千克。甘肃省单产水平稳定增长，达到了历史高位，与 2000 年的 1011 千克/公顷相比每公顷增产 848 千克，增幅为 83.9%，年均增长 3.4%。新疆的单产水平波动明显，2015 年之前呈稳定上升态势，并在 2015 年达到历史最高单产水平的 2040 千克/公顷。之后有所下降，2018 年回归到 1701 千克/公顷的水平，但每公顷仍比全国平均水平多产出 255 千克。宁夏的单产仅次于甘肃和新疆，2018 年为 1637 千克/公顷，比 2017 年增长 6.2%；内蒙古、山西、河北的单产水平相对较低，其中 2018 年内蒙古单产水平提高明显，比 2017 年增长 34.0%，但也仅为 1256 千克/公顷，与全国平均水平还有一定差距。山西的胡麻单产水平 2010 年之后一直在每公顷 1000 千克上下波动，2018 年为 1084 千克/公顷，比 2017 年增长 8.5%。河北的胡麻单产水平 2015 年之后一直在每公顷 1000 千克上下波动，保持相对平稳（见表 2－15）。

表 2－15　2000～2018 年全国胡麻单产变动情况　　单位：千克/公顷

分布	地区	2000 年	2005 年	2010 年	2015 年	2016 年	2017 年	2018 年	排序
	全国总计	690	911	1072	1278	1337	1283	1446	—
胡麻主产区	甘肃	1011	1248	1437	1767	1807	1760	1859	2
	新疆	1468	1376	1520	2040	1828	1854	1701	3
	宁夏	619	1033	1327	1794	1675	1541	1637	4
	内蒙古	645	818	585	879	1038	937	1256	6
	山西	617	462	899	962	1071	999	1084	8
	河北	153	531	662	945	1022	1001	958	10
	主产区均值	696.1	912.9	1071.7	1397.8	1406.8	1348.7	1415.8	—
其他省份	贵州	—	—	2000	2813	3250	3250	2766	1
	湖北								11
	陕西	361	821	—	1084	1673	2010	1206	7
	青海	525	1321	1887	1522	1602	1546	1587	5
	天津	—	—	—	—	1500	—	—	12
	安徽								13
	云南	—	—	619	657	645	956	977	9

资料来源：历年《中国农业统计资料》《新中国农业 60 年统计资料》。

二、胡麻籽贸易发展情况

（一）贸易政策分析

我国对进口胡麻籽实施 15% 的最惠国关税税率，70% 的普通关税税率，加征

13%的增值税税率，5%的进口退税。2017 年 7 月 1 日，财政部将农产品进口增值税率下调至 11%，进一步降低了胡麻籽进口成本。

在进口方面，中国对进口胡麻籽检验检疫有明确规定。2016 年初，国家质检总局进出口食品安全局下发了《关于开展俄罗斯荞麦等 4 种植物源性食品输华检验检疫试点工作的通知》，首次允许俄罗斯胡麻籽等四品类粮食经由满洲里口岸试点进口至我国。2017 年 11 月 1 日，《中华人民共和国国家质量监督检验检疫总局与俄罗斯联邦农业部关于俄罗斯燕麦输华植物检疫要求议定书》正式签订，俄罗斯胡麻籽成为中国进口的主要对象。2019 年 9 月 24 日，海关总署发布《关于进口哈萨克斯坦胡麻籽检验检疫要求的公告》（海关总署公告 2019 年第 150 号），允许哈萨克斯坦胡麻籽进口。

（二）贸易规模与结构变化

1. 贸易规模持续扩大

自 21 世纪以来，我国胡麻籽贸易规模总体显著扩大，总贸易量从 2000 年的 378.3 吨增至 2020 年的 34.38 万吨，增长了 908 倍，年均增长率为 41.2%；总贸易额从 23 万美元增至 1.7 亿美元。我国胡麻籽贸易规模变动表现明显的阶段性特征。2001～2005 年贸易规模极小，年均贸易量仅为 0.9 万吨，贸易额为 0.04 亿美元。2006～2010 年贸易量明显增加，年平均贸易量达 11.1 万吨，贸易额为 0.5 亿美元。2011 年贸易量下滑显著，由 2010 年的 22.3 万吨下降至 9.1 万吨，同比降幅达 59.2%，贸易总额也从 1.0 亿美元减少到 0.6 亿美元。从 2012 年开始，胡麻籽贸易量开始稳定增长，至 2016 年贸易量平均每年增长 7 万吨以上，年均增长率在 40% 以上；平均每年贸易额增长 0.3 亿美元以上，年均增长率接近 30%。2017 年受国际胡麻籽需求弱势、价格下跌影响，贸易规模和贸易量均不同程度下降，之后连续三年维持相对平稳（见图 2-7）。

2. 进口增长显著，出口总体缩减

胡麻籽进出口贸易结构及变动趋势差异十分明显。在进口方面，胡麻籽进口规模呈现阶段性波动增长趋势。2000～2008 年，我国胡麻籽进口量、进口额总体稳步增加。其中，2005 年以前进口量多维持在 1 万吨以下，进口额不到 1000 万美元。2006 年，我国胡麻籽进口首次超过 3 万吨，2008 年进口额增至 237 万美元。自 2009 年以来，除 2011 年、2017 年和 2020 年胡麻籽进口规模短暂回落以外，其他年份国内胡麻籽进口量和进口额均呈现大幅增加的趋势特征。2016 年胡麻籽进口量和进口额分别创下历史最高值 47 万吨和 2.1 亿美元（见图 2 - 8）。

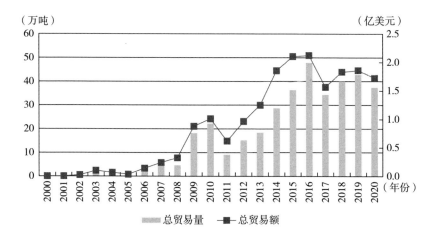

图 2 - 7　2000 ~ 2020 年中国胡麻籽总贸易量与总贸易额变动趋势

资料来源：中国海关统计。

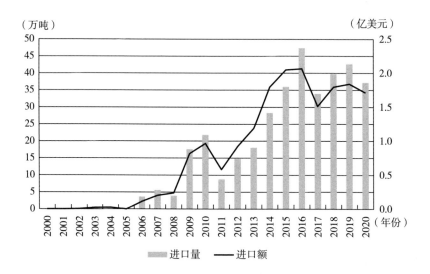

图 2 - 8　2000 ~ 2020 年中国胡麻籽进口量与进口额变动趋势

资料来源：中国海关统计。

在出口方面，胡麻籽出口呈现数量波动下降、金额大幅波动的特征。2003年，中国胡麻籽出口量达1.25万吨，这也是中国对国际市场出口胡麻籽的最大规模。2004～2006年，中国胡麻籽出口量连续下滑，此后至2008年出口量又连续两年增加，并且在2008年出口额创下历史最高值。2009～2011年，胡麻籽出口量逐渐缩减，到2011年降至0.3万吨。2012～2017年，胡麻籽出口量维持在0.4万吨上下，保持相对稳定。2017年后胡麻籽出口量和出口额逐年下降，2020年降至0.1万吨。

由于进口增长较快，自2006年开始，中国胡麻籽贸易开始呈现逆差。此后逆差逐年扩大，至2016年贸易逆差高达2亿美元，2017年受全球胡麻籽价格下跌影响，贸易极差略有回落。2020年贸易逆差为1.7亿美元（见图2－9）。

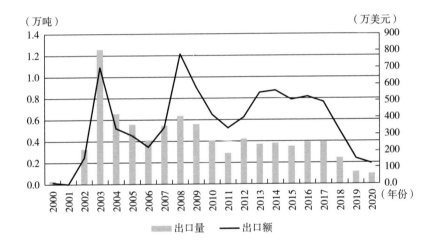

图2－9　2000～2020年中国胡麻籽出口量与出口额变动趋势

资料来源：中国海关统计。

3. 进口主要来自加拿大、俄罗斯，少量出口至欧洲

中国目前为世界第二大胡麻籽进口国，进口的胡麻籽主要来自加拿大和俄罗斯。2013年以前，中国胡麻籽近99%都来自加拿大，极少量来自俄罗斯、美国和新西兰。2014～2015年，中国仅从加拿大和美国进口胡麻籽，2016年恢复从俄罗斯进口，当年从俄罗斯进口胡麻籽规模创下新高，占国内进口总量比重达

7.4%，从加拿大进口的胡麻籽占比降至90.6%。2017年中国从俄罗斯进口胡麻籽数量进一步增加，进口量占总进口量比重增长至15%，进口来源结构多元化的趋势特征更加明显。2020年中国胡麻籽进口来源国多达9个，从加拿大进口的胡麻籽占比降至39.7%，从哈萨克斯坦和俄罗斯进口占比升至33.5%和26.6%。此外，我国还出口胡麻籽到新西兰、英国、比利时、澳大利亚等国，出口占比在2%~5%。

第三章　中国特色油料贸易
变动成因分析

自中国加入世界贸易组织以来，油料关税政策、配额制度等均做出了显著调整，油料也成为我国对外开放程度最高的农产品类别。在全球贸易自由化程度不断加深以及油料市场高度对外开放的背景下，中国特色油料产业对外贸易规模和结构也发生了显著变化。在全球特色油料生产和贸易格局变动调整背景下，有必要对特色油料对外贸易变动及其成因进行全面深入的研究。本章运用恒定市场份额模型对特色油料近 20 年来进出口贸易变动情况以及成因进行分析。

第一节　恒定市场份额模型构建

一、模型简介

恒定市场份额模型（Constant Market Share Model，CMS）最先由 Tyszynski（1951）研究工业制成品贸易时提出，他将一国工业制成品贸易增长分解为竞争效应和结构效应两部分。后由 Leamer 和 Stern（1970）、Rigaux（1971）和 Sprott（1972）将 CMS 模型应用于考察不同商品和市场流向的出口量变化情况，并将二阶效应纳入模型。此后，Jepma（1986）和 Milana（1988）又进一步修正和完善 CMS 模型，将分解指标更加细化。修正后的 CMS 模型成为研究对外贸易波动和国际竞争力的重要模型之一，在国际上已被广泛用于日本小麦进口（Ahmadi – Esfahani，1995）、中国农产品出口（Chen 等，2000）、比利时出口态势（Simonis，

2000）、印度调味品出口（Kumar 和 Muraleedharan，2007）、意大利水果和蔬菜进口（Malorgio 和 Hertzbery，2007）、奥地利商品出口（Skriner，2009）等研究。

随着 CMS 模型运用日渐成熟，国内学者也开始利用该模型来研究中国农产品贸易波动分析，主要关注两个方面：一方面是农产品出口贸易，如帅传敏和程国强（2003）用 CMS 模型对 1990～2001 年中国农产品整体国际竞争力的长期变化趋势进行了研究；孙林和赵慧娥（2004）运用 CMS 模型分析了 1987～2001 年中国对东盟农产品出口额波动的主要影响因素及变化情况；杨莲娜（2007）运用 CMS 模型探讨了中国农产品对欧盟出口的特点及出口增长的影响因素；龚新蜀和张晓倩（2014）运用 CMS 模型分析中国对中亚五国农产品出口贸易波动的影响因素及各因素的影响程度和变化趋势。另一方面是农产品进口贸易，如钟钰等（2005）运用 CMS 模型从需求、商品构成、竞争力三方面讨论中国农产品进口大幅波动的成因；刘艺卓（2009）采用 CMS 模型从总体和分类两个层面对 2002～2007 年影响中国乳品进口变动的因素进行了分析；耿晔强（2015）使用修正后的 CMS 模型对中国进口土地密集型农产品和劳动密集型农产品增长成因进行了实证研究。

从现有的研究可以看出，CMS 模型不仅适合分析一个国家特定商品的进出口贸易变动成因，而且可以用于分析一个国家与某个国家特定商品的进出口贸易变动成因。参照国内外已有研究成果的思路，考虑到中国特色油料进口贸易和出口贸易呈现不同波动特征，故采用 CMS 模型分别研究中国葵花籽、葵花籽油、胡麻籽以及芝麻进口和出口贸易变动成因。

二、模型形式

CMS 模型假定随着时间的推移，如果一国的某种商品竞争力不变，那么它在世界市场中的份额将保持不变。根据此假定和统计学原理，CMS 模型将一国的商品贸易值及品种结构和市场结构与同期世界商品贸易值及相关结构进行对比（帅传敏和程国强，2003），把一国贸易值的变化分解为两个层次：第一层分解为结构效应、竞争效应和二阶效应（见表 3 - 1）；第二层将结构效应分解为增长效应、市场效应、商品效应和交互效应，将竞争效应分解为整体竞争效应和具体竞争效应，将二阶效应分解为纯二阶效应和动态结构残差效应。

表 3 – 1　CMS 模型分解效应含义

项目	含义
结构效应	由于世界特色油料出口（进口）总额的变化而引起的中国特色油料出口（进口）总额变化
增长效应	由于世界特色油料进口需求（出口供给）变化带来的中国特色油料出口（进口）额变化。正值表示世界特色油料进口需求（出口供给）的增长拉动中国特色油料出口（进口）的增长，负值表示世界特色油料进口需求（出口供给）的减少导致中国特色油料出口（进口）的减少
市场效应	由于出口（进口）市场结构的变化带来的中国特色油料出口（进口）额变化。正值表示中国比世界更集中地向（从）快速增长的市场出口（进口）特色油料，负值表示中国比世界更集中地向（从）慢速增长的市场出口（进口）特色油料
商品效应	由于出口（进口）商品结构变化带来的中国特色油料出口（进口）额变化。正值表示中国比世界更集中地出口（进口）快速增长的特色油料，负值表示中国比世界更集中地出口（进口）慢速增长的特色油料
交互效应	由于商品效应与市场效应的交互作用而引起的中国特色油料出口（进口）额变化
竞争效应	由于特色油料竞争力变化而引起的中国特色油料出口（进口）额变化
整体竞争效应	由于整体出口竞争力变化而引起的中国特色油料出口（进口）额变化
具体竞争效应	由于在特定市场特定特色油料的竞争力变化而引起的中国特色油料出口（进口）额变化
二阶效应	由于竞争力变化和世界特色油料进口需求（出口供给）变化交互作用所引起的中国特色油料出口（进口）额变化
纯二阶效应	由于竞争力变化与世界特色油料进口（出口）规模变化的交互作用而产生的中国特色油料出口（进口）额变化
动态结构残差效应	由于中国特色油料出口（进口）结构变化与世界特色油料出口（进口）结构变化的交互作用而产生的中国特色油料出口（进口）额变化

具体分解公式如下：

第一层次分解为：

$$\Delta q = \underbrace{\sum_i \sum_j S^0_{ij} \Delta Q_{ij}}_{\text{结构效应}} + \underbrace{\sum_i \sum_j \Delta S_{ij} Q^0_{ij}}_{\text{竞争效应}} + \underbrace{\sum_i \sum_j \Delta S_{ij} \Delta Q_{ij}}_{\text{二阶效应}} \qquad (3-1)$$

第二层次分解为：

$$\Delta q = \underbrace{S^0 \Delta Q}_{\text{增长效应}} + \underbrace{\left(\sum_i \sum_j S^0_{ij} \Delta Q_{ij} - \sum_i S^0_i \Delta Q_i \right)}_{\text{市场效应}} + \underbrace{\left(\sum_i \sum_j S^0_{ij} \Delta Q_{ij} - \sum_j S^0_j \Delta Q_j \right)}_{\text{商品效应}} +$$

$$\left[\left(\sum_i S_i^0 \Delta Q_i - S^0 \Delta Q\right) - \underbrace{\left(\sum_i \sum_j S_{ij}^0 \Delta Q_{ij} - \sum_j S_j^0 \Delta Q_j\right)}_{\text{交互效应}}\right] + \underbrace{\Delta SQ^0}_{\text{整体竞争效应}} +$$

$$\underbrace{\left(\sum_i \sum_j \Delta S_{ij} Q_{ij}^0 - \Delta SQ^0\right)}_{\text{具体竞争效应}} + \underbrace{\left(\frac{Q^t}{Q^0} - 1\right)\sum_i \sum_j \Delta S_{ij} Q_{ij}^0}_{\text{纯二阶效应}} +$$

$$\underbrace{\left[\sum_i \sum_j \Delta S_{ij} Q_{ij} - \left(\frac{Q^t}{Q^0} - 1\right)\sum_i \sum_j \Delta S_{ij} Q_{ij}^0\right]}_{\text{动态结构残差效应}} \qquad (3-2)$$

式（3-1）和式（3-2）中，q 表示出口国（进口国）特色油料出口（进口）总值；S 表示出口国（进口国）特色油料出口（进口）在世界特色油料出口（进口）市场上的比重；S_i 表示出口国（进口国）第 i 类特色油料的出口（进口）总值占世界该类特色油料出口（进口）总值的比重；S_j 表示出口国（进口国）对 j 国特色油料的出口（进口）占世界对该国特色油料出口（进口）总值的比重；S_{ij} 表示出口国（进口国）对 j 国第 i 类特色油料的出口（进口）在世界对该国该类特色油料出口（进口）总值的比重；Q 表示世界市场特色油料的出口（进口）总值；Q_i 表示世界市场第 i 类特色油料的出口（进口）总值；Q_j 表示世界市场对 j 国特色油料的出口（进口）总值；Q_{ij} 表示为世界市场对 j 国第 i 类特色油料的出口（进口）总值；Δ 表示两个时期之间的变化量；上标 0 表示期初年份；上标 t 表示期末年份；下标 i 表示特色油料类别；下标 j 表示国家。

第二节　中国葵花籽及葵花籽油贸易变动成因分析

本节运用恒定市场份额模型从结构效应、竞争效应和二阶效应三个方面分析葵花籽、葵花籽油进口和出口贸易变动成因。

一、葵花籽贸易变动成因分析

（一）葵花籽进口贸易变动分析

1. 数据处理

按照 HS1996 分类体系，葵花籽包括一个税目：HS120600。结合前文对葵花籽进口贸易国别结构的分析，将葵花籽进口市场划分为哈萨克斯坦、美国、澳大利亚、西班牙和其他地区，共五个国家和地区。研究葵花籽进口贸易的时间段是2000～2020年，根据葵花籽进口额波动情况，以2005年为界，将2000～2020年划分为两个时间段：2000～2005年的进口平缓下降阶段，此阶段中国葵花籽进口额由0.13亿美元缓慢降至0.06亿美元，年均增长率为－13.8%；2005～2020年的进口波动增长时期，此时期中国葵花籽进口额大幅增至2011年的0.5亿美元后又波动增加至2019年的1.1亿美元，2020年又降至0.8亿美元。

2. CMS模型结果分析

根据表3－2估计结果中的一阶分解，2000～2005年，竞争效应贡献率达103.58%，说明在该时期中国葵花籽进口减少主要是因为进口竞争力的下降。2005～2020年，竞争效应和二阶效应的贡献率分别为62.99%、32.32%，说明该时期中国葵花籽进口竞争力提高带动进口增长，且在世界进口供给增长较快的市场上进口竞争力增加较快。综合两个时期的贸易变动成因可以发现，竞争效应对葵花籽进口波动影响最大，其次是二阶效应，结构效应对进口变动的贡献率较低，说明中国对世界葵花籽供给增长较快的市场开拓力度不够，进口结构有待进一步完善。

表3－2　中国葵花籽进口的CMS模型分解结果　单位：亿美元，%

	2000～2005年		2005～2020年	
	绝对额	比重	绝对额	比重
进口实际变化	－0.08	100.00	0.49	100.00
结构效应	0.03	－42.36	0.02	4.69
增长效应	0.05	－63.37	0.05	11.07
市场效应	－0.02	21.01	－0.03	－6.38
商品效应	0.00	0.00	0.00	0.00
交互效应	0.00	0.00	0.00	0.00
竞争效应	－0.08	103.58	0.31	62.99
整体竞争效应	－0.08	109.20	0.36	74.82
具体竞争效应	0.00	－5.62	－0.06	－11.83
二阶效应	－0.03	38.78	0.16	32.32

续表

	2000~2005 年		2005~2020 年	
	绝对额	比重	绝对额	比重
纯二阶效应	-0.03	39.42	0.27	55.21
动态结构残差效应	0.00	-0.64	-0.11	-22.90

资料来源：UN Comtrade 数据库。

根据表 3-2 估计结果中的二阶效应分解，中国葵花籽进口贸易变动成因可按其重要性归纳分析如下：①整体竞争效应。整体竞争效应是导致 2000~2005 年中国葵花籽进口减少的主导因素，贡献率高达 109.20%。随着中国加入世界贸易组织，逐步取消葵花籽进口关税配额制度，在一定程度上放开了国内市场，整体竞争力逐步弱化，2005~2020 年贡献率降至 74.82%。②纯二阶效应。纯二阶效应呈增长趋势，贡献率从 39.42% 上涨到 55.21%，进一步说明世界主要进口国进口规模不断扩大的同时，中国葵花籽进口规模也在扩大。③具体竞争效应。具体竞争效应呈下降趋势，贡献率从 -5.62% 降至 -11.83%，说明哈萨克斯坦等国家的竞争优势对促进中国葵花籽进口增长的作用越来越小。④增长效应。两个时期增长效应均为正，贡献率从 -63.37% 提高到 11.07%，说明世界葵花籽供给的增长对我国葵花籽进口贸易增加有一定拉动作用，且作用成效越来越明显。⑤动态结构残差效应。在两个时间段内，动态结构残差效应对中国葵花籽进口的贡献率均为负值，分别为 -0.64%、-22.90%，说明中国葵花籽进口结构与世界葵花籽进口结构存在反向作用。⑥市场效应。两个时期内市场效应导致中国葵花籽进口额分别减少 0.02 亿美元、0.03 亿美元，是抑制中国葵花籽进口增长的因素之一，说明中国越发比世界更集中地从慢速增长市场进口葵花籽。

（二）葵花籽出口贸易变动分析

1. 数据处理

结合前文对葵花籽出口市场结构的分析，将葵花籽出口市场结构划分为伊朗、埃及、土耳其、越南和其他地区，共五个国家和地区。研究中国葵花籽出口贸易的时间段为 2000~2020 年，根据葵花籽出口额波动情况，以 2005 年和 2009 年两个时点为界，将 2000~2020 年划分为三个时间段：2000~2005 年的快速增长时期，此时期中国葵花籽出口额从 0.2 亿美元激增至 1.1 亿美元，年平均增长率为 46.2%；2006～2009 年的波动增长时期，此时期中国葵花籽出口额增长了 0.3 亿美元，年平均增长率为 6.6%；2010～2020 年的持续增长时期，此时期中国葵花籽出口额从 1.4 亿美元增至 6.5 亿美元，年平均增长率为 12.4%。

2. CMS 模型结果分析

根据表 3－3 估计结果中的一阶分解，2000～2005 年，竞争效应贡献率达 68.67%，说明在该时期中国葵花籽出口主要是因为竞争力的提高。中国出口的葵花籽以食用为主，而国际上生产的主要是油用，此阶段中国出口食用葵花籽具备竞争力。高志影和郝琳艳（2007）测算的 2004 年中国葵花籽贸易专门化指数结果显示，中国葵花籽具备较强的国际竞争力；马园园（2011）测算结果也显示，2005 年中国葵花籽国际出口市场占有率、显示性比较优势指数、贸易竞争力指数仅次于花生、花生油，且高于美国、巴西、阿根廷等油料出口大国，之后相关指标出现下降。这显示出中国葵花籽出口竞争优势的弱化，主要原因在于市面上育种杂交混乱导致中国葵花籽质量良莠不齐，加工工艺落后造成制成品品相不佳。2006～2009 年，竞争效应不再是最主要的因素，结构效应贡献率达 69.04%，说明该时期内中国葵花籽出口增加主要依靠出口结构的改善以及世界葵花籽进口需求的增加。从前面贸易结构变化的分析中也可以看出，2005 年以后，中国葵花籽出口目的国由德国、荷兰等欧盟国家逐步转向伊朗、埃及、伊拉克、土耳其等中东国家，出口市场结构的调整与改善有效促进了中国葵花籽出口。同时，世界葵花籽进口量从 2006 年的 297.2 万吨稳步增长到 2009 年的 420.7 万吨，年均增幅为 12.3%，进口需求的增加带动了中国葵花籽出口。2010～2020 年，中国葵花籽出口贸易的增加转为由竞争效应带动，贡献率为 126.37%。

表 3－3　中国葵花籽出口的 CMS 模型分解结果　　单位：亿美元，%

	2000～2005 年		2006～2009 年		2010～2020 年	
	绝对额	比重	绝对额	比重	绝对额	比重
出口实际变化	0.94	100.00	1.76	100.00	4.47	100.00
结构效应	0.06	6.26	1.21	69.04	-0.01	-0.17
增长效应	0.08	8.78	0.92	52.18	0.00	-0.03
市场效应	-0.02	-2.52	0.30	16.87	-0.01	-0.14

续表

	2000～2005 年		2006～2009 年		2010～2020 年	
	绝对额	比重	绝对额	比重	绝对额	比重
商品效应	0.00	0.00	0.00	0.00	0.00	0.00
交互效应	0.00	0.00	0.00	0.00	0.00	0.00
竞争效应	0.65	68.67	0.03	1.69	5.65	126.37
整体竞争效应	0.57	60.97	-0.33	-18.57	4.48	100.12
具体竞争效应	0.07	7.70	0.36	20.26	1.17	26.25
二阶效应	0.24	25.07	0.51	29.27	-1.17	-26.21
纯二阶效应	0.32	34.22	0.02	1.40	0.00	-0.08
动态结构残差效应	-0.09	-9.15	0.49	27.87	-1.17	-26.13

资料来源：UN Comtrade 数据库。

根据表 3-3 估计结果中的二阶分解，中国葵花籽出口贸易变动成因可按重要性归纳分析如下：①整体竞争效应。受该效应的正向拉动，2000～2005 年、2010～2020 年中国葵花籽出口额分别增加了 0.57 亿美元、4.48 亿美元。而 2006～2009 年，整体竞争效应成为抑制中国葵花籽出口的一大因素，导致葵花籽出口额减少 0.33 亿美元。究其原因在于中国葵花籽虽然在产量上增速明显，但综合品质相对差一些，随着世界市场对高品质葵花籽的需求增多，中国葵花籽出口缺少了竞争优势。②增长效应。增长效应数据说明世界葵花籽需求的增加有效促进了中国葵花籽出口贸易的增加。③具体竞争效应。2000～2005 年、2010～2020 年具体竞争效应拉动中国葵花籽出口额分别增加 0.07 亿美元、1.17 亿美元，而 2006～2009 年，具体竞争效应对我国葵花籽出口增长呈反向抑制作用，主要是受出口目的国别发生变动与调整的影响。④市场效应。该效应对中国葵花籽出口的促进作用从弱走强又转弱，导致出口增加额从第一期的 -0.02 亿美元提高到 0.30 亿美元又降低至 -0.01 亿美元，说明中国葵花籽出口市场结构有所改善，逐步集中到葵花籽出口需求增长较快的目的市场上，如伊朗、埃及、伊拉克、土耳其等中东国家。⑤纯二阶效应。该效应在 2000～2005 年、2010～2020 年两个时间段均为正值，说明这两个时期内当世界葵花籽进口需求增加时，中国葵花籽出口竞争力也在增强。

二、葵花籽油贸易变动成因分析

（一）葵花籽油进口贸易变动分析

1. 数据处理

按照 HS1996 分类体系，葵花籽油包括两个税目：HS151211 和 HS151219。结合前文对葵花籽油进口贸易国别结构的分析，将葵花籽油进口市场结构划分为乌克兰、俄罗斯、阿根廷、哈萨克斯坦、澳大利亚、马来西亚和其他地区，共七个国家和地区。研究中国葵花籽油进口贸易的时间段是 2000～2020 年，根据葵花籽油进口额波动情况，以 2008 年和 2012 年两个时点为界，将 2000～2020 年划分为三个时间段：2000～2007 年的平稳运行时期，此时期中国葵花籽油进口额呈小幅增长的态势；2008～2011 年的快速增长时期，此时期中国葵花籽油进口涨幅更加明显，年平均增长率达 161.0%；2012～2020 年的波动上涨时期，此时期中国葵花籽油进口额增加了 14.3 亿美元，年平均增长率为 36.2%。

2. CMS 模型结果分析

根据表 3－4 估计结果中的一阶分解，竞争效应一直促进中国葵花籽油进口额增长，并且发展成为引起葵花籽油进口持续增加的首要因素，贡献率从 68.07% 提高到 75.45%。这说明国外葵花籽油具有很强的竞争力，促进了中国进口。主要原因在于中国加入世界贸易组织以后，逐步改革和削减油料及植物油的进口控制措施，放开中国市场，造成国内外价格倒挂，部分年份中国进口的葵花籽油价格接近国产油用葵花籽收购价格，国外葵花籽油的竞争力凸显。进口政策的调整主要有两方面：一方面是降低关税、逐步取消关税配额。在 2002～2005 年的过渡期内，对葵花籽及葵花籽油仍实施关税配额管理，配额内的植物油进口关税为 9%，配额外的进口关税为 19.9%～52.4%；到 2006 年 1 月 1 日过渡期结束时，中国正式取消了大豆、油菜籽、花生油、葵花籽油、玉米油和棉籽油的关税配额制度，实行 9% 的单一进口关税。另一方面是逐步取消国营贸易管理。2002 年中国植物油非国营与国营贸易企业分配比例为 66：34，2005 年进一步减少到 90：10，自 2006 年 1 月 1 日起取消植物油的国营贸易管理，进口完全实行市场化。

表3-4　中国葵花籽油进口的CMS模型分解结果　单位：亿美元,%

	2000~2007年		2008~2011年		2012~2020年	
	绝对额	比重	绝对额	比重	绝对额	比重
进口实际变化	0.32	100.00	0.98	100.00	8.29	100.00
结构效应	0.03	9.00	0.03	3.54	0.26	3.14
增长效应	0.03	10.34	0.02	2.56	0.07	0.81
市场效应	0.00	-1.01	-0.02	-2.01	0.12	1.42
商品效应	0.00	-0.02	0.00	-0.02	-0.09	-1.13
交互效应	0.00	-0.32	0.03	3.01	0.17	2.05
竞争效应	0.22	68.07	0.58	59.65	6.25	75.45
整体竞争效应	0.00	0.87	0.86	88.11	13.58	163.84
具体竞争效应	0.22	67.20	-0.28	-28.46	-7.32	-88.39
二阶效应	0.07	22.93	0.36	36.81	1.77	21.40
纯二阶效应	1.30	402.79	0.26	26.76	0.32	3.81
动态结构残差效应	-1.23	-379.86	0.10	10.05	1.46	17.59

资料来源：UN Comtrade 数据库。

结构效应作用逐渐减弱，贡献率由9.00%逐步降至3.14%，说明中国对世界葵花籽油供给增长较快的市场开拓力度不够，进口结构有待进一步完善。中国葵花籽油主要进口来源国从阿根廷、马来西亚、法国转为乌克兰和俄罗斯，且进口占比越来越高，2020年自乌克兰和俄罗斯两国进口葵花籽油金额占到进口总额的96.1%。随着收入的增加和对健康饮食关注度的提高，居民膳食结构将进一步调整，葵花籽油等健康油脂势必会更频繁地走上餐桌。而中国向日葵产品供需错位，葵花籽油供给难以弥补需求的增加，需要大量进口来补充。应综合考虑贸易环境、区位分布、资源禀赋等因素，充分挖掘与"一带一路"沿线国家油脂贸易潜力，促进葵花籽油进口来源国的多元化。比如哈萨克斯坦，目前中国葵花籽进口基本全部来自哈萨克斯坦，在该国加大对成品油出口支持力度的背景下，两国葵花籽油贸易潜力可期。

根据表3-4估计结果中的二阶分解，中国葵花籽油进口贸易变动成因可按其重要性归纳分析如下：①整体竞争效应。三个时期内，整体竞争效应贡献率从0.87%提高到163.84%，这意味着国外葵花籽油的整体竞争力在逐渐增强，随之带来中国葵花籽油进口增加。②具体竞争效应。该效应由正转负，说明乌克兰、俄罗斯、阿根廷等世界葵花籽油主要出口国竞争力增加抑制了中国葵花籽油进口增长。主要原因在于中国虽然是乌克兰、俄罗斯葵花籽油出口目的国之一，但却不是第一贸易国，如 2020 年乌克兰葵花籽油主要出口到印度，占比为 28.1%。故虽然近年来乌克兰、俄罗斯这两大世界葵花籽主产国不断提高加工产能，缩减葵花籽出口规模、推动葵花籽油出口，但却对中国葵花籽油进口产生了抑制作用。③动态结构残差效应。在三个时间段内，动态结构残差对中国葵花籽油进口的贡献率由负转正，说明中国葵花籽油进口结构与世界葵花籽油出口结构由反向制约转向正向促进。④商品效应。该效应作用方向由正转负，说明与世界相比，中国由更集中地进口快速增长的葵花籽油品类变为更集中地进口慢速增长的葵花籽油品类，进口商品结构有待进一步优化。中国进口的葵花籽油以初榨的油脂为主，2020 年进口额占葵花籽油总进口额的 78.4%，精制的葵花籽油进口相对较少，未来应进一步优化进口结构，适度增加精制葵花籽油进口规模。⑤增长效应。该效应作用方向为正、贡献率由大变小，说明对中国葵花籽油进口增长有正向拉动作用，但影响程度逐渐减弱，也体现了中国国产葵花籽油得到发展，对国外葵花籽油进口需求有所缓解。⑥市场效应。该效应经历了由负转正的过程，但贡献率都不高，说明近年来中国不断调整葵花籽油进口结构以适应世界出口结构的变化，但拉动作用较为有限。

（二）葵花籽油出口贸易变动分析

1. 数据处理

结合前文对葵花籽油出口市场结构的分析，将中国葵花籽油出口市场划分为新加坡、韩国、中国香港和其他地区，共四个国家和地区。根据葵花籽油出口额波动情况，以 2008 年为界，将 2000～2020 年划分为两个研究时间段：2000～2008 年的出口平稳增长时期，此时期中国葵花籽油出口额从 2000 年的 0.1 百万美元增至 2008 年的 5.5 百万美元；2009～2020 年的出口平缓下降时期，此时期中国葵花籽油出口额波动降至 5.4 百万美元，年平均增长率为 -0.2%。

2. CMS 模型结果分析

根据表 3-5 估计结果中的一阶分解，竞争效应、结构效应共同影响中国葵花籽油出口变动。第一时期内，在葵花籽加工企业不断更新生产技术，提高国产油品质等因素的影响下，中国葵花籽油在国际市场上显示出了一定的竞争实力，促进了出口。第二时期内，国外葵花籽油的价格竞争优势凸显，使中国葵花籽油出口额下跌。结构效应逐渐增强，贡献率从6.68%增至235.59%，说明中国葵花籽油出口结构逐渐合理，有力带动了葵花籽油出口。

表3-5 中国葵花籽油出口的CMS模型分解结果 单位：亿美元，%

	2000~2008年		2009~2020年	
	绝对额	比重	绝对额	比重
出口实际变化	0.05	100.00	0.02	100.00
结构效应	0.00	6.68	0.04	235.59
增长效应	0.00	7.16	0.02	107.83
市场效应	0.00	-0.11	0.00	27.36
商品效应	0.00	-0.43	0.00	-5.16
交互效应	0.00	0.05	0.02	105.56
竞争效应	0.02	43.57	-0.01	-47.31
整体竞争效应	0.01	20.84	-0.02	-85.61
具体竞争效应	0.01	22.73	0.01	38.30
二阶效应	0.03	49.75	-0.02	-88.28
纯二阶效应	0.08	150.49	0.00	-16.61
动态结构残差效应	-0.05	-100.74	-0.01	-71.68

资料来源：UN Comtrade 数据库。

根据表3-5估计结果中的二阶分解，中国葵花籽油出口贸易变动成因可按重要性归纳分析如下：①整体竞争效应。受该效应的正向拉动，2000~2008年中国葵花籽油出口额增加了0.01亿美元，贡献率为20.84%。而2009~2020年，整体竞争效应成为抑制中国葵花籽油出口的一大因素，导致出口额减少0.02亿美元。究其原因在于中国葵花籽油虽然在产量上增速明显，但综合品质相对差一些，随着世界市场对高品质葵花籽油的需求增大，中国葵花籽油出口缺少了竞争优势。②增长效应。两个时期增长效应均为正，且贡献率由7.16%增至107.83%，说明世界葵花籽油需求的增加有效促进了中国葵花籽油出口贸易的增加。③具体竞争效应。2000~2008年、2009~2020年具体竞争效应拉动中国葵花籽油出口额均增加 0.01 亿美元，贡献率从 22.73% 增长至 38.30%，说明近年来中国对主要出口市场的竞争力稳步提升。④市场效应。该效应对中国葵花籽油出口的促出作用越发明显，贡献率从第一期的 −0.11% 提高到 27.36%，说明中国葵花籽油出口市场结构有所改善，逐步集中出口到那些葵花籽油出口需求增长较快的目的市场上，如马来西亚、新加坡等国家。⑤纯二阶效应。该效应在两个时间段由正转负，说明随着世界葵花籽油需求增加，中国葵花籽油出口竞争力却在减弱。

第三节 中国芝麻贸易变动成因分析

本节运用恒定市场份额模型从结构效应、竞争效应和二阶效应三个方面分析芝麻进出口贸易变动成因。

一、芝麻进口贸易变动成因分析

（一）数据处理

按照 HS1996 分类体系，芝麻包括一个税目：HS120740。结合前文对芝麻进口贸易国别结构的分析，将芝麻进口市场划分为印度、埃塞俄比亚、缅甸、坦桑尼亚、苏丹和其他地区，共六个国家和地区。研究芝麻进口贸易的时间段是2000 ~ 2020 年，根据芝麻进口额波动情况，划分为三个时期：2000 ~ 2011 年的平稳增长阶段，此阶段中国芝麻进口额由 0.01 亿美元上升至 5.2 亿美元，年均增长率为 72.0%；2012 ~ 2014 年的巨幅增长时期，此时期芝麻进口额由 5.2 亿美元增至 11.5 亿美元，年均增长 48.4%；2015 ~ 2020 年为波动增长期，芝麻进口额由 11.2 亿美元波动上升至 12.7 亿美元，年均增长 2.5%。

（二）CMS 模型结果分析

1. 供给因素

2000 ~ 2011 年、2012 ~ 2014 年两个时期增长效应均为正，说明世界芝麻供给的增长拉动了中国芝麻进口贸易的发展。2000 ~ 2011 年，增长效应贡献率

1.01%；2012～2014 年贡献率为 48.09%。2014 年全球芝麻进口额达 37.4 亿美元，创历史最高，也印证了这一情况。2015～2020 年增长效应为负，世界市场芝麻进口需求的减少拉动中国芝麻进口的减少，贡献率为 63.73%，中国芝麻的对外依存度较高，和世界市场的联系紧密。增长效应对芝麻进口增长有较强的拉动作用。

2. 结构因素

2000～2011 年，市场效应的贡献率为 -0.26%。2012～2014 年贡献率为 28.00%，2015～2020 年贡献率为 34.00%。市场效应是带动中国芝麻进口增长的因素之一。近年来，中国芝麻进口来源国集中在非洲地区，非洲地区是全球芝麻出口量最大的地区，占国际芝麻市场份额的 60% 以上。由于芝麻进口贸易中只有一个税目品类，因此商品效应的影响为零，交互效应的影响也为零。

3. 竞争因素

竞争效应是导致 2000～2011 年、2012～2014 年中国芝麻进口增加的主要因素，贡献率分别为 15.43% 和 29.17%。2014 年以后表现为阻碍进口增长，贡献率为 99.97%。自然资源、生产成本、劳动力价格等方面导致中国芝麻竞争力不断降低，埃塞俄比亚等非洲国家芝麻综合竞争力不断提高，带动了中国芝麻的进口增长。

4. 二阶效应

2000～2011 年，结构效应和竞争效应交互是导致芝麻进口的最主要因素，贡献率为 83.82%。世界芝麻供给的增加，主产国芝麻价格、成本等优势促进了中国芝麻进口（见表 3-6）。

表 3-6　中国芝麻进口的 CMS 模型分解结果　　　单位：万美元,%

	平稳增长时期		巨幅增长时期		波动增长时期	
	2000～2011 年	比重	2012～2014 年	比重	2015～2020 年	比重
进口实际变化	44026.76	100.00	62693.99	100.00	-111065.07	100.00
结构效应	330.48	0.75	47699.57	76.08	-108545.12	97.30
增长效应	445.40	1.01	30146.83	48.09	-70779.53	63.73
市场效应	-114.92	-0.26	17552.74	28.00	-37765.59	34.00

续表

| | 平稳增长时期 | | 巨幅增长时期 | | 波动增长时期 | |
	2000~2011年	比重	2012~2014年	比重	2015~2020年	比重
商品效应	0.00	0.00	0.00	0.00	0.00	0.00
交互效应	0.00	0.00	0.00	0.00	0.00	0.00
竞争效应	6793.45	15.43	18287.76	29.17	-111029.85	99.97
整体竞争效应	11843.00	26.90	20619.43	32.89	232211.21	-209.08
具体竞争效应	-5049.55	-11.47	-2331.67	-3.72	-343241.06	309.05
二阶效应	36902.83	83.82	-3293.34	-5.25	108509.90	-97.70
纯二阶效应	22653.98	51.46	10578.92	16.87	70013.90	-63.04
动态结构残差效应	14248.85	32.36	-13872.26	-22.13	38496.00	-34.66

资料来源：UN Comtrade 数据库。

二、芝麻出口贸易变动分析

（一）数据处理

结合前文对芝麻出口市场结构的分析，将芝麻出口市场结构划分为日本、韩国、美国、中国香港、澳大利亚，共五个国家和地区。研究中国芝麻出口贸易的时间段也是 2000~2020 年，根据芝麻出口额波动情况分为三个时间段：2000~2010 年的频繁波动时期，此时期中国芝麻出口额从 0.8 亿美元下降至 0.6 亿美元；2011~2014 年的稳步增长时期，此时期中国芝麻出口额增长了 0.3 亿美元，年平均增长率为 13.1%；2015~2020 年的波动下降时期，此时期中国芝麻出口额从 0.97 亿美元降至 0.84 亿美元。

（二）CMS 模型结果分析

1. 需求因素

增长效应反映了世界芝麻进口需求变化对中国芝麻出口额的影响。由表 3-7 结果可知，增长效应是影响芝麻出口的最主要因素。具体来看，2000~2010 年贡献率为 -1265.44%；2011~2014 年对出口增长的贡献率为 165.04%，这一时期世界芝麻出口波动增长，2014 年全球芝麻出口额 37.4 亿美元，创历史最高纪录；2015~2020 年，世界芝麻进口需求的减少也导致中国芝麻出口的下降，贡献率为 80.77%。世界市场需求的变化对中国芝麻出口影响较大。

表3-7　中国芝麻出口的 CMS 模型分解结果　　单位：万美元,%

	频繁波动时期		稳步增长时期		波动下降时期	
	2000~2010年	比重	2011~2014年	比重	2015~2020年	比重
出口实际变化	-2107.90	100.00	3005.04	100.00	-5528.90	100.00
结构效应	10700.35	-507.63	3831.68	127.51	-6659.92	120.46
增长效应	26674.18	-1265.44	4959.55	165.04	-4465.83	80.77
市场效应	-15973.83	757.81	-1127.86	-37.53	-2194.09	39.68
商品效应	0.00	0.00	0.00	0.00	0.00	0.00
交互效应	0.00	0.00	0.00	0.00	0.00	0.00
竞争效应	-5371.74	254.84	-524.61	-17.46	-2615.89	47.31
整体竞争效应	-6701.07	317.90	-1126.93	-37.50	15595.22	-282.07
具体竞争效应	1329.33	-63.06	602.32	20.04	-18211.12	329.38
二阶效应	-7436.51	352.79	-302.04	-10.05	3746.91	-67.77
纯二阶效应	-17700.68	839.73	-385.26	-12.82	1644.00	-29.73
动态结构残差效应	10264.17	-486.94	83.22	2.77	2102.91	-38.03

资料来源：UN Comtrade 数据库。

2. 结构因素

2000~2010年，市场效应为负，贡献率为757.81%。2011~2014年，市场效应为负，贡献率为 -37.53%。2015~2020年市场效应为负，贡献率为39.68%。市场效应是带动中国芝麻出口增长的因素之一。中国芝麻出口市场相对稳定。由于芝麻出口贸易中只有一个税目品类，因此商品效应的影响为零，交互效应的影响也为零。

3. 竞争因素

竞争效应是导致2000~2010年中国芝麻出口减少的主要因素，贡献率为254.84%。受生产成本和比较效益的影响，中国芝麻竞争力不断降低，出口下降。2011~2014年世界芝麻市场出口需求旺盛，虽然中国芝麻竞争力仍旧不高，但阻碍效果较小。随着机械化水平提高、育种能力增强，生产规模化程度的提高，中国芝麻竞争力有所提升。2015~2020年竞争效应贡献率为47.31%。

第四节 中国胡麻籽贸易变动成因分析

基于胡麻籽贸易变动表现出的阶段性特征和出口结构性差异特征，本节运用恒定市场份额模型从结构效应、竞争效应和二阶效应三个方面分析胡麻籽进出口贸易变动成因。

一、胡麻籽进口贸易变动成因分析

（一）数据处理

按照 HS1996 分类体系，胡麻籽包括一个税目：HS120400。结合前文对胡麻籽进口贸易国别结构的分析，将胡麻籽进口市场划分为加拿大、美国、俄罗斯和其他地区，共四个国家和地区。研究胡麻籽进口贸易的时间段是 2000~2020 年，根据胡麻籽进口额波动情况，以 2008 年为界，将 2000~2020 年划分为两个时间段：2000~2008 年的进口平稳增长阶段，此阶段中国胡麻籽进口额由 12 万美元相对平稳增至 2370.3 万美元，年均增长率为 93.6%；2009~2020 年的连续抛物线波动增长时期，此时期中国胡麻籽进口额抛物线式增长至 2011 年的 5855.1 万美元又抛物线式波动增至 2020 年的 1.7 亿美元。

（二）CMS 模型结果分析

1. 供给因素

在 2000~2008 年、2009~2020 年两个时期，中国胡麻籽进口的增长效应均为正，显示世界胡麻籽供给增长拉动了中国胡麻籽进口规模的增加。其中，2000~2008 年，增长效应带动中国胡麻籽进口额增加了 30.59 万美元，在进口增长中的贡献率为 1.30%；2009~2020 年，中国胡麻籽进口额增长十分明显，这一时期世界胡麻籽供给增加成为拉动中国胡麻籽贸易增长的重要因素，增长效应贡献率为 66.11%。从世界胡麻籽供应来看也确实如此。2000~2006 年，世界胡麻籽产量增长了 26.5%，2007 年世界胡麻籽出现明显减产，此后产量持续增加，至 2019 年达 306.8 万吨，比 2007 年增长了 85.0%。

2. 结构因素

CMS 模型分解中市场效应和商品效应反映了胡麻籽进口市场结构和商品结构对中国胡麻籽进口贸易的影响，交互效应反映了商品效应与市场效应的交互作用而引起的中国胡麻籽进口额的变化。由于胡麻籽进口贸易中只有一个税目品类，因此商品效应和交互效应的影响都为零。市场效应是 2009～2020 年中国胡麻籽进口显著增加的主要原因和首要贡献，进口增长的贡献率达 4853.91%。这一时期我国胡麻籽主要来自加拿大，且增长速度极快，充分显示了中国比世界更集中地从快速增长的市场进口胡麻籽。

3. 竞争因素

竞争效应对两个阶段中国胡麻籽进口增加的影响均为正，显示竞争效应对中国胡麻籽进口增长起到了积极的促进作用。在两个阶段中，世界胡麻籽均表现出明显的竞争力，对中国进口增加的贡献率分别为 10.94% 和 79.12%（见表 3 - 8）。世界胡麻籽竞争力的主要表现：一是胡麻籽品质较好；二是胡麻籽价格较低。加工企业相比国内原料，更愿意使用价廉物美的进口原料，这在很大程度上加速了胡麻籽进口规模的扩大。

表 3 - 8 中国胡麻籽进口的 CMS 模型分解结果 单位：万美元,%

	2000～2008 年		2009～2020 年	
	绝对额	比重	绝对额	比重
进口实际变化	2358.33	100.00	4559.36	100.00
结构效应	38.20	1.62	224321.07	4920.02
增长效应	30.59	1.30	3014.14	66.11
市场效应	7.61	0.32	221306.93	4853.91
商品效应	0.00	0.00	0.00	0.00
交互效应	0.00	0.00	0.00	0.00
竞争效应	258.06	10.94	3607.42	79.12
整体竞争效应	656.08	27.82	4312.06	94.58
具体竞争效应	-398.02	-16.88	-704.64	-15.45
二阶效应	2062.07	87.44	-223369.13	-4899.14
纯二阶效应	657.52	27.88	1324.53	29.05
动态结构残差	1404.55	59.56	-224693.66	-4928.19

资料来源：UN Comtrade 数据库。

二、胡麻籽出口贸易变动分析

（一）数据处理

结合前文对胡麻籽出口市场结构的分析，将胡麻籽出口市场结构划分为荷兰、德国、英国、比利时、新西兰和其他地区，共六个国家和地区。研究中国胡麻籽出口贸易的时间段也是2000～2020年，根据胡麻籽出口额波动情况，以2011年和2014年两个时点为界，将2000～2020年划分为三个时间段：2000～2011年出口"M"形增长时期，此时期中国胡麻籽出口额从2000年的11.0万美元大幅增至2003年的778.3万美元又大幅降至2006年的248.6万美元，然后激增至2008年的868.0万美元又大幅降至2011年的373.6万美元；2012～2014年为出口持续增长时期，此时期中国胡麻籽出口额增长了178.4万美元，年平均增长率为18.3%；2015～2020年出口持续下降时期，此时期中国胡麻籽出口额从562.4万美元降至137.8万美元，年平均增长率为－24.5%。

（二）CMS模型结果分析

1. 需求因素

增长效应反映了世界胡麻籽出口需求变化对中国胡麻籽出口额的影响。由表3-9结果可知，2000～2011年、2012～2014年世界胡麻籽出口需求一直在推动中国胡麻籽出口，并成为影响出口的首要因素。两个时期增长效应分别促进中国胡麻籽出口增长29.25万美元和74.06万美元，贡献率分别为8.45%和40.84%。从具体国别出口量来看，在这两个时期，德国、韩国、马来西亚等国家从我国进口胡麻籽规模均有不同程度增加。2015～2020年，市场效应对我国出口胡麻籽的影响由负转正，但贡献率为负，显示世界胡麻籽需求并没有带动我国胡麻籽出口，这一时期胡麻籽出口额减少了424.6万美元，增长效应的影响贡献率达52.05%。从世界胡麻籽需求来看，自2014年以来世界胡麻籽出口量和出口额均呈现持续下降，与我国胡麻籽出口下降趋势相吻合。

2. 结构因素

市场结构对中国胡麻籽出口的阶段性影响非常突出。2000～2011年影响为负，2012年之后变成正向影响。2011年以前，市场结构对胡麻籽出口具有一定的抑制作用，尽管贡献率只有0.70%；2012～2014年，市场效应成为促进胡麻

表 3 - 9　中国胡麻籽出口的 CMS 模型分解结果　　单位：万美元,%

	2000~2011 年		2012~2014 年		2015~2020 年	
	绝对额	比重	绝对额	比重	绝对额	比重
出口实际变化	346.08	100.00	181.33	100.00	-424.56	100.00
结构效应	26.83	7.75	97.26	53.64	-17.59	4.14
增长效应	29.25	8.45	74.06	40.84	-220.98	52.05
市场效应	-2.42	-0.70	23.20	12.80	203.39	-47.91
商品效应	0.00	0.00	0.00	0.00	0.00	0.00
交互效应	0.00	0.00	0.00	0.00	0.00	0.00
竞争效应	154.30	44.58	63.11	34.80	-378.64	89.18
整体竞争效应	90.87	26.26	89.51	49.36	-335.35	78.99
具体竞争效应	63.42	18.33	-26.40	-14.56	-43.29	10.20
二阶效应	164.95	47.66	20.97	11.56	-28.33	6.67
纯二阶效应	411.70	118.96	11.91	6.57	148.78	-35.04
动态结构残差效应	-246.75	-71.30	9.06	4.99	-177.11	41.72

资料来源：UN Comtrade 数据库。

籽出口的重要因素，显示中国胡麻籽集中出口到出口需求增长较快的目的市场上。实际上，在这一时期，世界胡麻籽出口量和出口额均呈现持续大幅上升趋势，增幅分别达 120.3% 和 166.6%，其中主要的贡献是加拿大、俄罗斯、哈萨克斯坦等国快速占领欧洲、美洲和亚洲市场，并保持较大的出口规模和市场份额。自 2015 年以来，市场效应对出口发挥了积极作用，显示中国胡麻籽出口到出口需求增长较快的目的市场上。从国别出口来看，自 2015 年以来，我国胡麻籽出口总量下降，但出口对象国显著增加，希腊、葡萄牙、芬兰、越南、斯洛文尼亚等国成为我国胡麻籽出口目的地，出口市场拓展优化了市场结构。

3. 竞争因素

2000~2011 年和 2012~2014 年竞争效应对中国胡麻籽出口具有积极的促进作用，两个时段的竞争效应对出口增加的影响分别为 44.58% 和 34.80%。2015~2020 年竞争效应对中国胡麻籽出口的作用由正转负，成为胡麻籽出口显著减少的主要因素。这一时期，中国胡麻籽出口减少 424.6 万美元，竞争因素的贡献率高达 89.18%。近年来中国胡麻籽与世界胡麻籽成本和价格比上均缺乏优势，这也是中国胡麻籽缺乏竞争力、出口减少的主要原因。

第四章　中国特色油料国际竞争力及影响因素分析

前文分析显示，近20年来，中国特色油料贸易变动特征十分明显。其中，竞争力是影响贸易变动的主要因素之一。在贸易结构变动分析的基础上，有必要对中国特色油料国际竞争力的变动情况进行分析，同时结合与主要生产国和贸易国的比较，深入探讨影响竞争力的主要因素。

第一节　测算指标的选择与解释

通过对产业国际竞争力已有相关研究的总结，并综合考虑中国特色油料产业自身的贸易特点，本节分别采用国际出口市场占有率、贸易竞争力指数和显示性比较优势指数三个指标来测算产业国际竞争力。

一、国际出口市场占有率

国际出口市场占有率是指一国的出口总额占世界出口总额的比重。该指数反映了一国某产业或产品的国际竞争力或竞争地位的变化，比例提高说明该国该产业或产品的出口竞争力增强。用公式表示为：

$$A_{ik} = X_{ik} / X_{wk} \tag{4-1}$$

其中，A_{ik}表示i国第k类产品的国际出口市场占有率，X_{ik}表示i国第k类产品的出口额，X_{wk}表示世界该类产品的出口额。出口市场占有率指数越大，表示一国在目标市场上的占有率越高，该类产品的出口竞争力越强。

二、贸易竞争力指数

贸易竞争力指数是指一国某种产品净出口额在进出口总额中的比例，反映了该种产品的净出口相对规模，其计算公式如下：

$$TC_i^k = \frac{X_i^k - M_i^k}{X_i^k + M_i^k} \tag{4-2}$$

其中，TC_i^k 表示 i 国 k 类产品的贸易竞争力指数，X_i^k 和 M_i^k 分别表示 i 国 k 类产品的出口额和进口额。如果 $TC_i^k > 0$，说明 i 国 k 类产品为净出口，具有较强的国际竞争力；如果 $TC_i^k = 0$，说明 i 国 k 类产品进出口保持平衡；如果 $TC_i^k < 0$，说明 i 国 k 类产品为净进口，意味着商品缺乏国际竞争力。该指数是贸易额的相对值，取值为 -1 ~ 1，能够在不同时期和不同国家之间进行比较。根据贸易竞争力指数，可以将各国 k 类产品出口划分为六类：当 $TC_i^k \geqslant 0.6$ 时，该国 k 类产品出口处于高竞争优势；当 $0.3 \leqslant TC_i^k < 0.6$ 时，属于中等竞争优势；当 $0 < TC_i^k < 0.3$ 时，属于低竞争优势；当 $-0.3 \leqslant TC_i^k < 0$ 时，属于低竞争劣势；当 $-0.6 \leqslant TC_i^k < -0.3$ 时，属于中等竞争劣势；当 $TC_i^k < -0.6$ 时，属于高竞争劣势。

三、显示性比较优势指数

显示性比较优势指数是指一国某种产品出口在世界该品种出口市场上所占份额与该国所有商品的出口在世界所有商品出口市场上所占份额的比率。用公式表示为：

$$RCA_i^k = \frac{X_i^k / X_i}{X_w^k / X_w} \tag{4-3}$$

其中，RCA_i^k 表示 i 国 k 类产品的显示性比较优势指数，X_i^k 和 X_w^k 分别表示 i 国和世界 k 类产品出口额，X_i 和 X_w 分别表示 i 国和世界的出口总额。$RCA_i^k > 1$ 表明 i 国 k 类产品具有比较优势，且值越大比较优势越强；$RCA_i^k < 1$ 表明 i 国 k 类产品具有显示性竞争劣势，且值越小竞争力越弱。

第二节　中国葵花籽及葵花籽油国际
竞争力及影响因素分析

一、葵花籽国际竞争力测算

（一）葵花籽①国际出口市场占有率稳步提升

由表 4－1 可以看出，中国葵花籽出口的市场占有率从 2000 年的 0.02 稳步提升到 2020 年的 0.26，有较强的出口竞争力，与罗马尼亚的市场占有率水平相近，远高于摩尔多瓦。近年来葵花籽的出口量值已经超过了芝麻，成为中国出口食用油籽的第三大产品。随着国内葵花籽产业的逐步发展壮大和国家"一带一路"倡议的稳步推出，可以预测中国葵花籽参与全球市场的程度将进一步提高，国际出口市场占有率也会继续提升。

表 4－1　2000～2020 年中国与世界其他主要葵花籽出口国国际出口市场占有率

年份	中国	罗马尼亚	保加利亚	摩尔多瓦
2000	0.02	0.02	0.01	0.02
2001	0.03	0.03	0.03	0.03
2002	0.02	0.04	0.08	0.02
2003	0.03	0.07	0.07	0.01
2004	0.05	0.07	0.07	0.02
2005	0.09	0.04	0.13	0.01
2006	0.06	0.13	0.12	0.01
2007	0.06	0.08	0.09	0.02
2008	0.07	0.11	0.13	0.01
2009	0.06	0.09	0.15	0.02

---

①　由于我国葵花籽油以进口为主，出口规模十分有限，因此此处只分析葵花籽。

续表

年份	中国	罗马尼亚	保加利亚	摩尔多瓦
2010	0.08	0.12	0.13	0.02
2011	0.07	0.19	0.18	0.03
2012	0.08	0.12	0.14	0.02
2013	0.08	0.17	0.18	0.03
2014	0.09	0.17	0.15	0.03
2015	0.13	0.16	0.13	0.05
2016	0.13	0.17	0.13	0.06
2017	0.13	0.17	0.13	0.06
2018	0.14	0.18	0.11	0.05
2019	0.14	0.19	0.10	0.05
2020	0.26	0.28	—	0.08

资料来源：UN Comtrade 数据库。

（二）葵花籽贸易竞争力较强，葵花籽油长期缺乏贸易竞争力

中国葵花籽、葵花籽油的贸易竞争力指数变化如图 4-1 所示。明显可见，中国葵花籽的贸易竞争力指数先从 2000 年的 0.13 持续上升至 2005 年的最高水平 0.90，随后略有下滑但整体呈波动上升的趋势，2020 年为 0.78。2000 年，中国葵花籽出口尚属于低竞争优势，2001~2002 年属于中等竞争优势，自 2003 年以来一直属于高竞争优势。可见，中国葵花籽出口的国际竞争力显著提升。2000~2020 年，中国葵花籽油的贸易竞争力指数除个别年份外一直小于 0，表明中国葵花籽油出口整体缺乏国际竞争力，且多数年份都处于高竞争劣势。

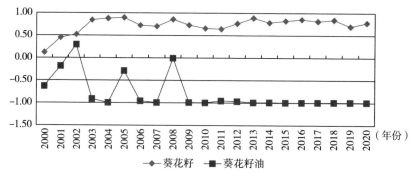

图 4-1　2000~2020 年中国向日葵产品的贸易竞争力指数变化

资料来源：UN Comtrade 数据库。

（三）葵花籽显示性比较优势逐渐显现，葵花籽油出口比较劣势明显

中国葵花籽和葵花籽油出口的显示性比较优势指数变化如图4－2所示。可见，葵花籽的显示性比较优势指数整体呈波动上升趋势，特别是自2018年以来，显示性比较优势指数均高于1，说明中国葵花籽出口比较优势逐渐显现。分品种来看，中国食葵出口量居世界第一，具有明显的出口比较优势，与之相比，油葵出口不具有比较优势。自2000年以来，葵花籽油出口的显示性比较优势指数一直在0.01以下，意味着中国葵花籽油出口比较劣势非常明显。

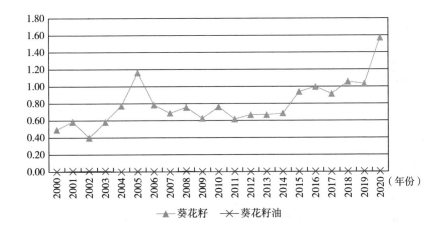

图4－2　2000～2020年中国向日葵产品的显示性比较优势指数变化

资料来源：UN Comtrade数据库。

二、葵花籽贸易竞争力影响因素分析

考虑到中国向日葵产品出口国际竞争力分析中仅葵花籽表现出一定的竞争力，因此本部分只以葵花籽为研究对象，分食葵、油葵两个品种，分析影响中国葵花籽出口竞争力的主要因素。

（一）成本和价格

1. 向日葵种植成本不断攀升

相对于世界其他食用葵花籽出口国，我国食葵的生产成本具有很强的竞争优势，主要原因在于我国是世界上最大的食葵出口国。相对于世界其他油用葵花籽

出口大国，如罗马尼亚、保加利亚、摩尔多瓦等，我国葵花籽的生产成本也具有一定的优势。主要原因在于我国的油用葵花籽在单产上优势明显。2019年为2847.1千克/公顷，与全球平均单产2048.8千克/公顷相比，每公顷葵田可以多生产798.3千克的葵花籽，而罗马尼亚、保加利亚、摩尔多瓦均未达到世界平均单产水平。再加上我国劳动力成本相对于这些欧盟国家而言要低很多，所以我国葵花籽的生产成本相对较低，在国际市场上具有一定的成本竞争优势。但值得注意的是，近年来，化肥费、农药费等直接费用不断提高，劳动力成本持续上涨，再加上机械化水平又比较低，导致向日葵种植成本不断增加，这在一定程度上削弱了我国葵花籽的出口竞争力。

2. 出口价格偏高

出口价格是衡量农产品国际竞争力的最直接表现。近十年来，我国油料生产成本以不低于10%的速度增长，其价格已高出国际市场两成到五成（马园园，2011）。2020年，我国葵花籽出口价格为1.3美元/千克，而罗马尼亚、摩尔多瓦葵花籽出口价格均为0.5美元/千克。当然，出口价格高，并不完全代表竞争力强，有时也会采用进出口价格比来衡量一个国家的进出口能力。自2014年以来，中国葵花籽的进出口价格比均在1以下，说明具有较差的进口能力，是以出口为主的品种。价格的高低只是一个表面的衡量指标，要从多方面寻找导致价格变化的因素。比如，罗马尼亚近年来大力发展向日葵产业，特别是2018年葵花籽产量超过335万吨，创下欧盟最高的产量规模，成为欧盟头号葵花籽生产国，同时也是最大的出口国，快速扩张的生产规模必将降低出口价格。保加利亚葵花籽种植面积的提高（主要集中在北部与罗马尼亚的交界处）以及单产改善，导致产量明显增长，再加上土耳其和西欧国家的葵花籽需求强劲，使近几年保加利亚的出口呈现增长态势，由此导致出口价格的下降。

（二）生产力水平、品质资源与技术

1. 生产力水平稳步提升

我国葵花籽生产力水平稳步提升，对出口竞争力提高有支撑作用。从产量来看，我国是葵花籽生产大国之一，内蒙古、新疆以及东北地区、华北地区是葵花籽主产区。近年来全国葵花籽产量持续增长，2019年产量世界排名第五位。随着我国特色油料产业技术体系建设，葵花籽生产技术研发实力会进一步加强，新品种及高产配套栽培技术也会得到进一步改良和大面积的示范推广，预计未来我国葵花籽产量会进一步扩大。内蒙古作为全国最大的向日葵产区，地广人稀，人均占有耕地 0.27 ~ 0.53 公顷，平均每个劳动力负担耕地 0.67 ~ 1.00 公顷，土地相对集中，具有区域化布局、规模化经营的条件，未来规模生产的潜力巨大。从单产水平来看，中国葵花籽单产水平稳步提升，发展潜力较大。食用葵花籽单产水平的提高将有利于促进出口竞争力的提升，未来食葵出口贸易将更加活跃。

2. 品种质量接近国际水平，但一致性不高、品种多杂

我国向日葵品种质量已接近国际水平，但存在一致性不高、品种多杂的问题，面对国际市场上多样、优质的品种资源，表现出竞争力不足。下一步需要加大品种研发力度，才能促进出口竞争力的提高。我国食用向日葵杂交种的选育始于 1974 年，几十年来，我国广大向日葵育种工作者不断努力，先后育成了几十个向日葵新品种，为向日葵生产的发展做出了重要的贡献，尤其是近十年来，一些高产、高油、抗病性强、适应性广的向日葵新品种的选育，为其在国内大面积的种植发挥了巨大的作用[1]。比如龙食葵 1 号、龙食葵 2 号、龙食葵 3 号、龙食杂 1 号等常规食用品种，内葵杂号、陕葵杂 1 号、晋葵杂 6 号、龙葵杂 3 号、龙葵杂 4 号、白葵杂 4 号、白葵杂 6 号、新葵杂 4 号、新葵杂 6 号等 16 个油用向日葵杂交品种，其产量和籽实含油率水平均已接近国际水平。但由于国内食用型地方品种普遍存在自交亲和力低、植株高大、熟期晚和综合抗性差等缺陷，加之美国对三系亲本材料的严格封锁，严重制约了国内食用型杂交种的选育进程，食用杂交育种技术与国外同类杂交种还有一定差距[2]。此外，向日葵品种还存在一致性不高、品种多杂的现象。据调研，县域内种植向日葵品种数量最高达 31 个，单一品种使用占比超过 60% 的县仅有 16 个，占监测县（42 个）比重为 38.1%，品种一致性高达 100% 的县仅有 4 个。

3. 产业技术水平还有差距

我国向日葵产业技术水平与国外先进技术相比还有不小差距，不利于出口竞争力的提高。从育种技术来看，我国向日葵种植历史悠久，近年来油用向日葵种

① 安玉麟，孙瑞芬，冯万玉. 我国向日葵品种改良进展及其与国外的差距 [J]. 华北农学报，2006 (S3)：1 - 4.

② 胡莹莹. 黑龙江省向日葵生产发展对策研究 [D]. 北京：中国农业科学院，2014.

业发展迅速，已经具有高油、低皮壳、株型好、抗病、适应性强的优良品种。但由于重视程度不够、资金投入不足、技术水平落后等原因，新品种、新技术推广缓慢，科技成果转化率低，向日葵育种仍是产业发展的薄弱环节。更为重要的是，向日葵科研单位少，与加工企业的联合不密切，科研工作无法满足生产及市场更新换代的要求，科研与生产环节脱节严重。从生产技术来看，当前我国向日葵以家庭作坊式的粗放型生产模式为主，种植户的生产条件和管理能力参差不齐，多采用传统的技术手段。葵花籽生产标准化建设明显滞后于国际市场发展的需要，质量检测体系还不够健全，优质安全产品比重偏低，严重影响了产品的国际市场竞争力。从加工技术来看，我国葵花籽加工产品单一，工艺简单，技术落后。油用型向日葵多以小作坊加工为主，仅对原料进行简单的粗加工，其用途更多是自家食用。相比油用向日葵，我国食用型向日葵以炒货为主，也有部分企业转型进行葵花籽糕点加工。向日葵副产品加工技术十分落后，花盘、花秆、籽实壳在我国未被充分利用，与国外加工技术相比还有很大差距。作为传统优势产业，乌克兰、俄罗斯不断加大葵花籽生产技术研发，向日葵新品种及高产配套栽培技术等生产技术不断进步，我国这些年也不断向俄罗斯、乌克兰等向日葵育种先进国家学习、交流，以提高自身的出口竞争力。

（三）国内外市场需求

1. 国内葵花籽油市场需求旺盛

随着消费者对葵花籽油认知度的提高，我国葵花籽油的消费数量快速增长，现在每年葵花籽油的消费量约为 100 万吨，因为国产葵花籽油只有约 30 万吨，所以产需缺口较大，需要经过进口来满足市场需求。近几年来，进口数量已远远超过国产葵花籽油的数量，2020 年达 195.4 万吨，在我国进口食用植物油中，数量仅次于棕榈油和菜籽油，位居第三。由于国内葵花籽市场需求形势存在明显的结构性矛盾，预计中国参与世界葵花籽及制品贸易的程度将日益加深，其中，食用葵花籽出口贸易量会不断增加，而油用葵花籽对进口依赖程度将明显提高。

2. 荷兰、西班牙等欧洲传统需求国市场需求稳步提升

自 1995 年以来，世界葵花籽主要进口国别较为稳定，主要集中在荷兰、西班牙、土耳其、德国、意大利、葡萄牙等欧洲国家，进口量稳步增加。比如

荷兰葵花籽进口量从 1995 年的 55.4 万吨增加到 2020 年的 77.8 万吨。虽然这些葵花籽主要进口国需求稳步增加，但由于生产与贸易上的地理区位优势，葵花籽贸易主要集中在罗马尼亚、保加利亚、匈牙利、法国等欧洲国家，需求品种基本是油用葵花籽。而我国葵花籽出口以食用葵花籽为主，主要出口到伊朗、埃及等中东国家，欧洲等传统需求国的市场需求对促进我国葵花籽出口影响力较弱。

（四）向日葵产业链及其他辅助产业

产业链对出口竞争力的影响主要表现为产业链各个环节的相互协作的程度。目前来看，我国向日葵产业链发展水平与国际水平还有很大差距，在一定程度上影响了出口竞争力。突出表现在向日葵产业链纵向协作不紧密，优质原料的供给不足、流通模式较为传统、产销对接不流畅、加工技术的先进性有待进一步提高、深加工高附加值产品研发仍较缺乏，产业化程度较低。油用型向日葵在我国多数地区都有种植，但是存在散、碎、小的状况，多以小作坊式生产为主，仅对原料进行简单的粗加工，其用途更多的是自家食用。而在当地的一些加工企业，缺乏深加工，产品技术含量低，外销困难。目前我国 5 万吨以上的较大型葵花籽油深加工企业较少，大型的更少。同时，向日葵主产区主要位于东北地区、西北地区和华北地区，这些地区多以生产向日葵初级产品为主。而我国部分规模大、深加工型的企业分布在南方地区，原料和加工企业区位的错位提高了向日葵产品的生产成本。相比油用向日葵，我国食用型向日葵以炒货为主，多数加工企业也基本建立在原料生产基地。在政府优惠政策的刺激下，食用向日葵加工企业发展迅速，部分企业转型进行葵花籽糕点加工。但是这些企业规模小，产品附加值低，深加工类型的企业仍属少数。加工企业规模小、深加工产品少的现状，也造成了我国出口产品单一性的特点。在对外贸易中表现为原料出口量大，而制成品进口量大，对国际市场的依赖度较高。

其他辅助产业如农业机械、农资等对出口竞争力的影响多是间接性的。综合来看，其他辅助产业对出口竞争力的提升作用还不明显。比如农业机械，我国农业机械国际市场占有率一直很低，美国和欧盟的国际市场占有率很高。比如农资，我国农资国际市场占有率呈上升趋势，但与美国、加拿大和欧盟国家相比还有较大差距，不少农药、肥料产品国际价格都被压得很低，如尿素、磷酸二铵、除草剂、杀虫剂等，且出口目的国相对局限，主要是位于东南亚和非洲的发展中国家①。

（五）产业调控政策

政府宏观调控在葵花籽产业发展壮大中也发挥着重要的作用，出台了种种有利于葵花籽出口的政策。在国家层面，政府出台了多项减免企业出口税收费用的政策，通过减少葵花籽贸易企业出口成本实现了提升葵花籽出口竞争力。如自2004年以来对葵花籽出口提供增值税出口退税优惠，征税率为13%，退税率为5%，该项政策有利于使葵花籽产业的整体盈利得到提升，增强葵花籽出口的竞争力；2013年和2014年发布了《免收出口商品法检费用有关工作的通知》，免收2013年8月1日至2013年底、2014年全年报检的所有出境货物、运输工具、集装箱及其他法定检验检疫物免收出境检验检疫费，以促进出口稳步增长；2018年国家调整了葵花籽出口征税率，由原来的13%降为11%；2020年进一步调低为10%。

在地方层面，葵花籽加工聚集地区政府多是从优化出口措施等方面着手，以利于葵花籽的出口。比如内蒙古自治区巴彦淖尔市为促进葵花籽出口，2016年开始大力实施和推广"同线同标同质"帮扶工程，用一套标准、一套管理模式、一套评价工具去管理国内国际市场的质量。通过建立健全市场准入和淘汰机制，严格审核企业提交的质量安全管理体系、产品安全防护计划等相关材料，实施"三同"工程，实现出口备案资质管理良性循环。针对初次申请备案的企业，检验检疫人员在材料准备、自我评估和材料申报流程提供咨询督导服务。对无法保证产品质量，体系运行不规范、不符合出口食品备案管理规定的企业"零容忍"，坚决予以注销、撤消或不予备案。

随着葵花籽及葵花籽油进出口贸易的日趋活跃，我国葵花籽产业受国际市场的影响程度也会越来越高，未来要警惕贸易国贸易政策调整对我国葵花籽进出口可能造成的影响。

---

① 马园园. 基于品目细分的我国油料作物国际竞争力研究［D］. 南京：南京农业大学，2009.

第三节　中国芝麻国际竞争力及影响因素分析

一、芝麻出口竞争力测算

(一) 芝麻国际市场占有率不断降低

由表 4－2 可以看出，中国芝麻出口市场占有率从 2000 年的 16.3% 降低到 2020 年的 7.4% ，出口竞争力不断减弱。主要原因是中国国内芝麻主产区芝麻种植比较收益不断降低，生产规模萎缩，国内芝麻消费量不断增加，出口量不断减少。印度是传统的芝麻出口大国，自 2000 年以来芝麻国际市场占有率呈现先下降又上升的趋势，2020 年印度芝麻国际市场占有率为 39.4% ，在国际市场上具有重要地位。埃塞俄比亚芝麻生产发展较快，自 2000 年以来芝麻出口量迅速增加，国际市场占有率从 2000 年的 4.4% 上升到 2018 年的 10.8% 。苏丹芝麻出口量呈现先下降后上升的趋势，2018 年芝麻国际市场占有率为 26.2% 。

表 4－2　2000～2020 年中国与世界其他主要芝麻出口国国际市场占有率

单位: %

年份	中国	印度	埃塞俄比亚	苏丹
2000	16.3	21.1	4.4	26.4
2001	11.9	29.4	5.6	22.2
2002	18.5	20.5	8.6	18.9
2003	17.4	26.7	9.8	15.3
2004	7.6	26.2	10.0	21.6
2005	8.2	22.5	23.5	13.7
2006	7.5	23.1	21.6	19.4
2007	6.4	35.7	14.9	0.0
2008	5.6	29.3	14.2	11.3
2009	4.0	16.8	22.1	9.7
2010	2.7	20.3	13.5	8.8

续表

年份	中国	印度	埃塞俄比亚	苏丹
2011	3.1	25.8	16.0	8.5
2012	3.1	21.5	18.0	7.8
2013	2.7	19.5	15.3	0.0
2014	2.8	23.7	20.8	0.0
2015	2.5	16.8	16.7	29.5
2016	3.6	30.7	0.0	0.0
2017	4.1	27.6	0.0	26.1
2018	3.0	20.4	10.8	26.2
2019	5.7	31.0	0.0	0.0
2020	7.4	39.4	0.0	0.0

资料来源：UN Comtrade 数据库（数值为 0 的为缺失数据）。

（二）芝麻贸易竞争力总体较弱

中国芝麻的贸易竞争力指数变化如图 4-3 所示。可以看出，自 2000 年以来中国芝麻的贸易竞争力指数在波动中下滑，贸易竞争力不断降低。2000 年中国芝麻的贸易竞争力指数为 0.97，处于高竞争优势阶段。自 2004 年起中国由芝麻的净出口国转变为净进口国，贸易竞争力指数由正转为负，由竞争优势转变为竞

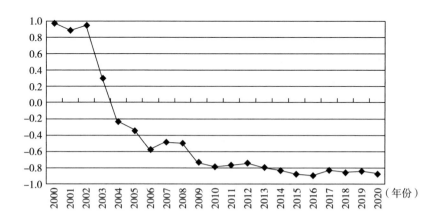

图 4-3　2000~2020 年中国芝麻贸易竞争力指数变化

资料来源：UN Comtrade 数据库。

争劣势。随着芝麻进口量的不断增加，贸易竞争力指数迅速减小，自 2009 年起贸易竞争力指数小于 -0.6，2020 年中国芝麻贸易竞争力指数为 -0.88，多年处于高竞争劣势地位。

（三）芝麻出口不具备显示性比较优势

中国芝麻的显示性比较优势指数变化如图 4 - 4 所示。可以看出，自 2000 年以来中国芝麻的显示性比较优势指数波动下滑，比较优势不断丧失。2000 年中国芝麻的显示性比较优势指数为 4.10，表示芝麻出口有较强的比较优势。2004 年下降至 1.15，表示芝麻出口具有比较优势。自 2006 年起中国芝麻的显示性比较优势指数低于 1 且不断下降，2020 年为 0.45，芝麻出口不具有比较优势。

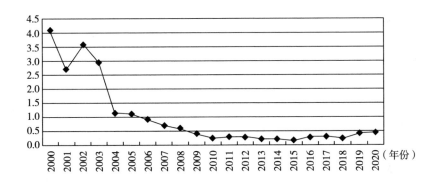

图 4 - 4　2000 ~ 2020 年中国芝麻的显示性比较优势指数变化

资料来源：UN Comtrade 数据库。

二、芝麻出口竞争力影响因素分析

自进入 21 世纪以来，中国芝麻供需形势发生了根本性变化，由芝麻净出口国转变为净进口国，产品竞争力不断降低。本部分将从资源禀赋特点和生产力水平、生产成本和价格、产品结构和加工研发、品牌建设和产业发展、贸易往来和对外合作等方面探讨影响芝麻出口竞争力的因素。

（一）资源禀赋特点和生产力水平

我国是芝麻的传统种植国家，除西藏、甘肃、青海等地外均有种植，其中华北地区为主产区。芝麻耐旱、施播期长、对土壤要求不高，适宜间作套种。目前的芝麻品种抗逆性差，缺乏抗病耐渍抗倒伏的高产品种，品质好、蛋白质含量高以及含油量高的品种研发不足。我国芝麻生产的机械化程度不高，劳动用工较多，平均每亩 3 ~ 4 个工。我国芝麻单产水平不高，2016 年为 103.9 千克/亩，黎巴嫩为 234.7 千克/亩，我国为黎巴嫩的 44.3%。

（二）生产成本和价格

根据国家特色油料产业技术体系监测数据，2017 年我国芝麻生产成本平均每亩 763.9 元，其中直接费用每亩 180.7 元，人工成本每亩 230.9 元，土地成本每亩 352.3 元。三种成本占总成本的比重分别为 23.7%、30.2%、46.1%，土地成本占比最高。芝麻是劳动密集型农作物，传统芝麻主产区农户的芝麻种植收益低于玉米等其他农作物，种植积极性不高。与世界芝麻主产国埃塞俄比亚、苏丹等国相比，芝麻种植成本较高，缺乏竞争力。与世界主要出口国印度、苏丹等国相比，我国芝麻出口价格偏高，2016 年出口芝麻均价比印度、苏丹出口价格高71.7% 和 92.1%。

（三）产品结构和加工研发

目前我国芝麻加工品以芝麻油、芝麻叶、芝麻糊、芝麻盐和芝麻酱等初加工产品为主，结构单一。目前世界芝麻加工品多达 2600 种，与日本等国家相比，精深加工产品较少，产品附加值低，综合利用率不高。从加工行业来看，芝麻加工企业规模较小，小作坊式生产为主，加工设备陈旧，产品质量不稳定。行业缺乏芝麻加工的新技术、新产品、新装备，尤其是标准化的加工装备，产品不能满足出口检验检疫需求。芝麻精深加工研发落后，芝麻素、芝麻木酚素、芝麻蛋白等精深加工产品缺乏。

（四）品牌建设和产业发展

国产芝麻具有色泽好、炒香等品质优势，但标准化生产和品牌建设不足。原产地标识、绿色产品、有机产品认证标识不多。加工行业发展落后，行业龙头企业有限，品牌建设能力落后。例如，芝麻油仅有燕庄等少数知名品牌，行业影响力不高。芝麻产业链主体间关系松散，订单农业数量不多，产业链较短。芝麻在我国农作物中属于小品种作物，政府投入有限，扶持力度不够，也在一定程度上制约了芝麻产业竞争力的提高。

（五）贸易往来和对外合作

自进入 21 世纪以来，全球芝麻的出口量和进口量均不断增加，贸易规模总体呈现波动式增长的特征。2006 年中国超越日本成为世界最大的芝麻进口国。近年来，我国芝麻竞争力逐年下降，出口规模不断萎缩。我国芝麻进口关税水平低，对非洲等国零关税进口。随着中国与非洲地区农业合作的深化，中国企业、贸易商等主体赴非洲开展芝麻生产、贸易日益增多，中国芝麻产业竞争力受国内外因素共同影响将进一步加深。

第四节　中国胡麻籽国际竞争力及影响因素分析

一、胡麻籽出口竞争力测算

（一）胡麻籽国际出口市场占有率极低

由表 4 - 3 可以看出，2000 ~ 2020 年中国胡麻籽出口市场占有率多数年份不足 1%，最高年份为 2003 年，市场占有率达 2.486%，显示中国胡麻籽不具备竞争优势。与中国相比，胡麻籽主要出口国加拿大、俄罗斯、哈萨克斯坦和比利时市场占有率总体较高，同时各国竞争力也在明显变化。2000 ~ 2019 年，加拿大胡麻籽市场占有率从 65.622% 降至 23.106%，2020 年恢复到 50.508%。同期俄罗斯从 0.437% 增至 25.765%。比利时胡麻籽市场占有率总体稳定，最高年份为 2006 年，市场占有率达 25.325%，最低年份为 2019 年，市场占有率为 7.321%，2020 年市场占有率恢复到 14.835%。哈萨克斯坦胡麻籽市场占有率呈现持续上升态势，由 2006 年的 0.019% 上升到 2019 年的 21.117%，成为全球主要胡麻籽出口国之一。

（二）胡麻籽缺乏贸易竞争力

中国胡麻籽的贸易竞争力指数变化如图 4 - 5 所示。2000 ~ 2019 年，中国胡麻籽贸易竞争力指数呈现由低到高再大幅降低的趋势。其中，2000 ~ 2001 年贸易量极少，贸易竞争力指数均为负。2002 ~ 2005 年，贸易竞争力指数波动走高。

表4-3 2000~2020年中国与世界其他主要胡麻籽出口国国际出口市场占有率

单位：%

年份	中国	加拿大	比利时	哈萨克斯坦	俄罗斯
2000	0.064	65.622	10.187	—	0.437
2001	0.005	68.582	10.485	—	0.047
2002	0.663	68.226	14.658	—	—
2003	2.486	65.348	13.417	—	0.437
2004	1.271	62.476	12.577	—	0.690
2005	0.897	59.378	10.567	—	0.976
2006	0.731	55.329	25.325	0.019	2.764
2007	0.786	57.417	21.441	0.215	2.912
2008	1.200	61.431	18.850	0.484	4.049
2009	1.273	50.525	20.348	1.509	6.236
2010	0.864	59.733	10.363	2.791	8.395
2011	0.591	37.704	10.845	7.912	18.691
2012	0.551	33.441	9.110	21.976	23.189
2013	0.752	45.839	10.550	9.812	21.029
2014	0.662	43.859	8.561	13.259	16.102
2015	0.676	42.327	8.703	14.264	16.461
2016	0.746	37.416	7.404	11.713	26.329
2017	0.705	29.063	7.737	14.029	24.473
2018	0.460	31.522	7.492	18.252	19.060
2019	0.202	23.106	7.321	21.117	25.765
2020	0.273	50.508	14.835	—	—

资料来源：UN Comtrade 数据库。

其中，2002年和2005年贸易竞争力指数分别为0.61和0.99，2003年和2004年分别为0.56和0.17，显示分别具有中等竞争优势和低竞争优势。从2006年开始，中国胡麻籽竞争不再具有优势，贸易竞争力指数总体走低。2006~2008年，贸易竞争力指数处于-0.7~-0.4，自2009年以来，贸易竞争力指数均大于-0.8，显示出高竞争劣势。贸易竞争力指数走势变化显示中国胡麻籽出口整体缺乏国际竞争力，且多数年份都处于高竞争劣势。2019年，中国胡麻籽贸易竞争力指数降至-1.0，创历史新低。

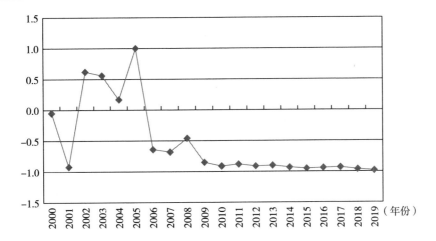

图4-5 2000~2019年中国胡麻籽贸易竞争力指数变化

资料来源：UN Comtrade 数据库。

(三) 胡麻籽不具有显示性比较优势

中国胡麻籽显示性比较优势指数变化如图4-6所示。2000~2019年，中国胡麻籽显示性比较优势均小于0.45，最高值也仅有0.423，自2003年以来逐年降低，显示中国胡麻籽在国际市场不具有比较优势，竞争力偏低。2019年，中国胡麻籽显示性比较优势降至0.014。

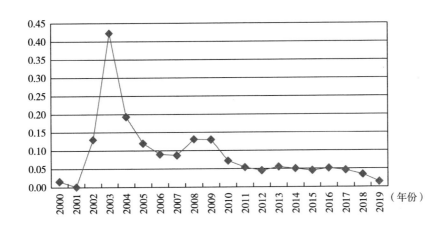

图4-6 2000~2019年中国胡麻籽贸易显示性竞争优势变化

资料来源：UN Comtrade 数据库。

二、胡麻籽出口竞争力影响因素分析

从贸易规模变动成因和竞争力指标分析来看，中国胡麻籽均显示出竞争力总体下降，处于缺乏竞争力的突出特征。结合中国胡麻籽生产主体特征、成本结构以及价格走势等方面进一步分析导致竞争力缺失的主要原因。

（一）原料标准化、规模化水平较低

胡麻是中国传统油料作物，种植历史悠久。受经济、地理等条件制约，胡麻的生产目前仍以分散小规模种植为主，一方面，不同主体间生产管理的标准化程度相对较低，原料一致性也相对较差；另一方面，分散的小规模生产导致原料规模化收购成本较高。2018 年，国家现代农业产业技术体系特色油料产业技术体系针对全国主产区示范县的调查显示：当前中国胡麻生产仍以小规模分散农户为主，近八成的农户经营规模在 10 亩以下，超过六成的农户经营规模在 5 亩以下。在主产区，大中型加工企业要想收购到一定规模且质量标准一致的原料难度较大，因此企业更偏好使用一致性较高、规模有保障的进口原料进行加工。目前国内主要的胡麻籽加工企业使用进口原料比例均超过 50%，部分企业使用比例超过 90%。

（二）产品含油率低于主要国家

近年来，在农作物良种选育和优质品种推广使用中，中国取得了巨大进步，胡麻的抗逆高产品种应用推广面积不断增大。但总体来看，中国胡麻籽在含油率上仍具有一定劣势，无法与主要出口国家竞争。目前中国胡麻籽含油率为36% ～45%，平均为40%，但加拿大等主要出口国家胡麻籽平均含油率达 43%。在加工胡麻籽油的过程中，高含油率是高产出和高利润的象征，因此从产品成本利润角度来看，中国胡麻籽竞争力相对偏低，进口胡麻籽则更具有竞争力。

（三）单位产量成本高于主要竞争国家

胡麻耐旱耐贫瘠，对土壤条件要求不高，主要分布在中国西北地区和华北干旱、半干旱地区。由于种植区域资源禀赋条件相对不足，胡麻生产方式较为传统粗放。规模化、机械化和智能化水平较低，生产以人工为主，导致成本总体偏高。2017 年国家特色油料产业技术体系对示范县的监测显示，农户包含土地和家庭用工折算的生产总成本平均为 568.5 元/亩，其中，直接费用 181.5 元/亩，人工成本 237.2 元/亩，土地成本 149.8 元/亩，三项成本占总成本的比重分别为 31.9%、41.7% 和 26.4%，人工成本占比最高。按照平均单产 85 千克/亩计算，单位产量成本高达 6.6 元/千克。考虑到多数小规模农户土地成本和家庭用工不算为成本，去掉土地折价和家庭用工折价，总成本为 254.3 元/亩，单位产量成本则为 2.96 元/千克。近十年间，世界胡麻籽主要出口市场转移至加拿大、哈萨克斯坦、俄罗斯等国，与这些国家相比，中国在土地和人口红利逐渐消失的背景下，成本劣势极为突出。以加拿大为例进行对比分析，加拿大胡麻籽协会提供的数据显示，加拿大胡麻籽的生产成本折合人民币为 288 元/亩，其中包含土地、人工和其他各项固定成本支出，按照加拿大 99.8 千克/亩的单产折算，单位产量产品的成本仅为 2.89 元/千克，低于中国不包含隐性成本的单位产量成本，也远低于总成本情况下的单位产量成本。我国胡麻籽生产显示出突出的成本劣势。

（四）胡麻籽内外价格差较大

近年来，中国胡麻籽收购价格总体呈波动上涨趋势。甘肃是中国第一大胡麻主产区，胡麻籽的收购价格具有较强的代表性。2017～2019 年，甘肃胡麻籽入厂价从 4800 元/吨上涨至 4900 元/吨，最高时达 4965 元/吨，胡麻籽均价在 2.43 元/斤以上。与主要出口国家如加拿大、俄罗斯等相比，中国胡麻籽价格显著高于这些国家。2017～2019 年，天津港进口胡麻籽（主要为加拿大胡麻籽）到岸税后价最高为 4865 元/吨，最低为 4218 元/吨，均价仅为 2.25 元/斤。从俄罗斯进口的胡麻籽价格相对更低，到岸税后价为 2.0～2.1 元/斤。由于市场价格差距较大，因此中国胡麻籽在加工市场上处于明显劣势，多数流入小榨油厂进行热榨加工，市场份额逐年缩小。

第五章 "一带一路"倡议下中国特色油料贸易潜力分析

自 2013 年习近平总书记提出"一带一路"倡议以来，中国积极谋划并深入推进与"一带一路"沿线国家（以下简称沿线国家）经贸合作与发展。相继发布了《推动共建丝绸之路经济带和 21 世纪海上丝绸之路的愿景与行动》《共同推进"一带一路"建设农业合作的愿景与行动》等系列指导文件，举办了"一带一路"国际合作高峰论坛，形成了第一份具有全局性、权威性和政治性的多边文件。特色油料是中国与沿线国家进出口贸易中的主要农产品之一，分析中国与沿线国家特色油料贸易情况及潜力对于把握特色油料未来贸易格局及趋势、梳理产业发展路径和方向具有一定的参考借鉴价值。

第一节 中国与"一带一路"沿线国家农产品贸易发展情况

近年来，中国与沿线国家的农业贸易合作蒸蒸日上，与主要国家在重点农产品领域的合作潜力也日益凸显。

沿线国家是中国重要的农产品贸易伙伴。2017 年，中国与沿线国家农产品贸易额占中国对全球农产品贸易总额比重达 23.6%。近年来双边农产品贸易蓬勃发展，规模不断扩大。2010～2017 年，中国与沿线国家农产品贸易总额从 300.2 亿美元增至 474.5 亿美元，增幅达 58.1%。其中，农产品进口额从 167.0 亿美元增至 239.4 亿美元，增幅为 43.3%；农产品出口额从 133.2 亿美元增至 235.1 亿美元,增幅为76.5%。在双边贸易中,中国呈贸易逆差,但近年来对沿线国家出口增长稳定、出口增速明显放缓,贸易逆差呈缩小趋势(见图5-1)。

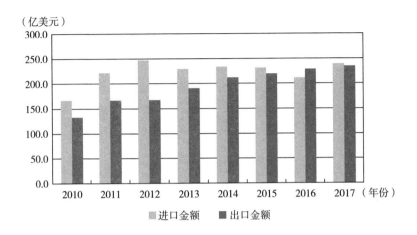

图5-1 2010~2017年中国与"一带一路"沿线国家农产品贸易规模

资料来源:中国海关统计。

在沿线国家中,中国农产品出口地区主要集中在东南亚,此外对俄罗斯、乌克兰、印度等国出口规模也较大(见图5-2)。2017年,中国对越南、泰国、马来西亚、印度尼西亚、菲律宾等国农产品出口额占中国对沿线国家农产品出口总额比重达61.7%。从贸易趋势来看,在沿线主要国家中,除马来西亚、俄罗斯和新加坡近几年贸易规模有一定缩减以外,中国对其他国家农产品出口均呈现增长趋势。

中国主要从东南亚、东欧地区进口农产品。其中,从印度尼西亚、泰国、越南、马来西亚、俄罗斯、乌克兰、印度等国农产品进口额占中国自沿线国家农产品进口总额的85.1%(见图5-3)。在主要国家中,从泰国、越南、乌克兰和菲律宾进口农产品增速最为显著。2010~2017年,中国自四个国家进口农产品规模分别从24.9亿美元、7.6亿美元、0.4亿美元和4.2亿美元,增至46.6亿美元、35.5亿美元、11.3亿美元和8.1亿美元,增幅分别达到87.4%、365.3%、3131.9%和94.7%。从绝对额增长来看,从泰国和越南进口农产品额分别增长了

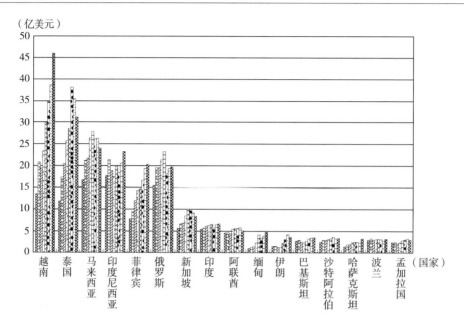全球特色油料生产贸易与中国竞争力研究

（亿美元）

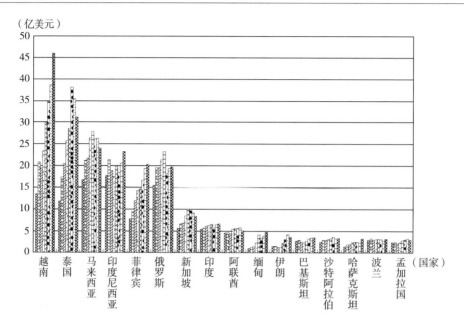

⊠2010年 ⊟2011年 ⊘2012年 □2013年 ⊠2014年 ■2015年 ⊟2016年 ⊠2017年

图5－2　2010～2017年中国对主要沿线国家农产品出口趋势

资料来源：中国海关统计。

（亿美元）

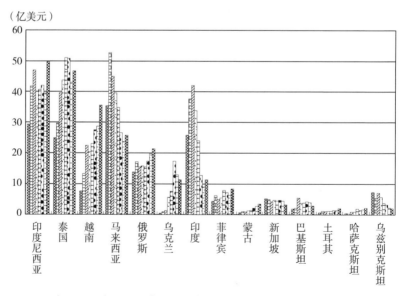

⊠2010年 ⊟2011年 ⊘2012年 □2013年 ⊠2014年 ■2015年 ⊟2016年 ⊠2017年

图5－3　2010～2017年中国自主要沿线国家农产品进口趋势

资料来源：中国海关统计。

21. 7 亿美元和 27. 8 亿美元，显示了较强的贸易增长势头。此外，中国从马来西亚和印度进口农产品规模呈现缩小趋势，农产品进口额分别从 52. 6 亿美元和 37. 6 亿美元降至 25. 9 亿美元和 11. 1 亿美元，降幅分别为 26. 5% 和 56. 9% 。

第二节 中国与 "一带一路" 沿线国家油脂油料贸易现状

中国是世界油脂油料消费和贸易大国，油料和油脂贸易量分别占世界贸易量的约 60% 和 10% ，是目前世界油料第一大进口国和油脂第二大进口国。近年来，中国油料进口规模持续扩大，2017 年油料进口规模首次突破 1 亿吨；食用植物油进口波动下降，高峰时曾达 960. 2 万吨，2017 年回落至 742. 8 万吨。油脂油料出口规模总体较小，食用植物油出口量为 10 万 ~ 20 万吨，食用油籽出口量为 85 万 ~ 95 万吨。沿线国家是中国油脂油料重要贸易伙伴，近年来中国与沿线国家油脂油料贸易合作日益密切，贸易规模稳步扩大。2017 年，与沿线国家油脂油料总贸易额占中国对沿线国家农产品贸易额的 15. 0% ，占中国对世界油脂油料贸易总额的 14. 7% （世界 487. 1 亿美元）。

一、油脂油料贸易规模稳步扩大

中国与沿线国家油脂油料贸易规模稳步扩大，沿线国家已成为中国油脂出口和油料出口的重要市场。2010 ~ 2017 年，中国与沿线国家油脂贸易规模从 677. 6 万吨增至 717. 4 万吨，年均增长 0. 8% 。其中，油脂进口量从 674. 9 万吨增至 714. 9 万吨，占中国油脂进口总量的比重从 81. 7% 增至 96. 2% ；油脂出口量从 2. 7 万吨降至 2. 5 万吨，占出口总量的比重从 28. 7% 降至 12. 3% 。与沿线国家油料贸易规模从 45. 6 万吨增至 161. 9 万吨，年均增长 19. 8% 。其中，油籽进口量从 10. 7 万吨增至 97. 6 万吨，占中国油籽进口总量的比重从 0. 2% 增至 1. 0% ；油籽出口量从 34. 9 万吨增至 64. 3 万吨，占出口总量的比重从 39. 7% 增至 58. 5% （见表 5 - 1）。

表 5 – 1　2010～2017 年中国与沿线国家油脂油料贸易情况　单位：万吨,%

	年份	自沿线国家进口量	占总进口量比重	对沿线国家出口量	占总出口量比重
油脂	2010	674.9	81.7	2.7	28.7
	2017	714.9	96.2	2.5	12.3
油籽	2010	10.7	0.2	34.9	39.7
	2017	97.6	1.0	64.3	58.5

资料来源：中国海关统计。

二、主要油脂及特色小宗油籽贸易活跃

中国从沿线国家进口的油脂主要为棕榈油、葵花籽油以及豆油，进口油籽主要是大豆、油菜籽、葵花籽；对沿线国家出口的主要产品为葵花籽和花生。

（一）主要油脂油料产品贸易规模均不同程度增加

2010～2017 年，中国自沿线国家进口葵花籽油的规模增长 26 倍、豆油增长42.8 倍、胡麻籽增长 562 倍、油菜籽增长 319 倍、大豆增长 786 倍、葵花籽增长32.2 倍（见表 5 – 2）。进口大幅增长的原因：一是中国油脂油籽类产品需求快速增加，产需缺口巨大，如葵花籽油、葵花籽、大豆等品种；二是部分产品从沿线国家进口基数较小；三是中国放开了部分农产品如胡麻籽等在沿线国家的进口限制，进口活跃程度显著增加。

表 5 – 2　中国从沿线国家主要进口油脂油料增长趋势特征　单位：万吨

从沿线国家进口产品					
产品	2010 年	2015 年	2016 年	2017 年	增幅	年均增速
棕榈油	569.30	590.60	447.30	507.90	− 10.8%	1.6%
葵花籽油	2.70	62.70	85.70	73.50	26 倍	60.1%
豆油	0.01	10.10	16.10	23.00	42.8 倍	230.2%
菜籽油	7.00	13.50	3.50	3.90	− 44.3%	− 8.0%
花生油	0.03	1.40	1.10	1.30	37 倍	68.2%
大豆	0.10	37.50	40.50	53.40	786 倍	159.3%
油菜籽	0.10	9.90	6.40	18.00	319 倍	128.0%

从沿线国家进口产品						
产品	2010 年	2015 年	2016 年	2017 年	增幅	年均增速
葵花籽	0.40	6.80	7.70	12.20	32.2 倍	64.9%
胡麻籽	0.01	0.01	3.50	5.10	562 倍	147.1%
芝麻	7.90	3.80	2.50	2.60	−66.5%	−14.5%
花生	1.10	3.40	2.00	1.70	53.9%	6.4%

对沿线国家出口产品						
产品	2010 年	2015 年	2016 年	2017 年	增幅	年均增速
葵花籽	10.20	22.90	27.20	38.30	275.9%	20.8%
花生	22.90	18.70	17.40	23.70	3.5%	0.5%
大豆	0.90	0.40	0.40	0.40	−61.2%	−12.6%

资料来源：中国海关统计。

对沿线国家出口的主要产品中，食用葵花籽贸易增长较为明显，2010～2017年出口量从 10.2 万吨增至 38.3 万吨，增幅高达 276%，年均增长 20.8%，显示出沿线国家葵花籽需求较为旺盛，同时中国葵花籽市场竞争优势较为突出。花生也是中国传统具有出口竞争优势的产品，近年来对沿线国家出口规模总体保持在约 20 万吨，年际间略有波动。

（二）与沿线国家油脂及小宗油料产品贸易高度活跃，在中国油脂油料总贸易中占据重要地位

在进口贸易中，油脂从沿线国家进口较为集中，目前中国进口的全部棕榈油、98.7%的葵花籽油和红花油、35.2%的豆油、12%的花生油均来自沿线国家。中国从沿线国家进口的大宗油料如大豆和油菜籽相对较少，但特色油料如油用葵花籽、胡麻籽进口规模相对较大，占中国自世界进口比重较大，分别达99.6%和15%（见表5-3）。在出口贸易中，中国93.6%的食用葵花籽、45.1%的花生、22%的油菜籽、57.7%的葵花籽油和红花油、19.9%的菜籽油、14.5%的花生油均流入沿线国家。

表5-3　2017年中国与沿线国家主要油脂油料产品贸易结构及占比

产品	出口量（吨）	占出口总量比（%）	进口量（万吨）	占进口总量比（%）
油脂				
棕榈油	3837	20.8	507.9	100.0
葵花籽油和红花油	1168	57.7	73.5	98.7
豆油	3372	2.5	23.0	35.2
菜籽油	4218	19.9	3.9	5.1
花生油	1226	14.5	1.3	12.0
油料				
大豆	3584	3.1	53.4	0.6
油菜籽	17	22.0	18.0	3.8
胡麻籽	149	3.7	5.1	15.0
芝麻	712	1.7	2.6	3.7
花生	236695	45.1	1.67	6.6
葵花籽	383179	93.6	12.2	99.6

资料来源：中国海关统计。

三、油脂油料进口来源国较为集中

在油脂方面，棕榈油是中国对外依存度最高的油脂产品，全部进口自国际市场满足需求。目前中国进口的棕榈油约2/3来自印度尼西亚，1/3来自马来西亚。葵花籽油是中国第二大进口油脂。中国从15个沿线国家进口葵花籽油，其中79.4%来自乌克兰，16.4%来自俄罗斯（见图5-4）。近年来中国豆油进口量增长也十分显著，2017年达65.3万吨，创下历史新高。沿线国家中，俄罗斯、乌克兰和土耳其是主要进口来源国，进口占中国豆油进口总量的34.6%。

在油籽方面，中国自沿线国家进口较多的是葵花籽、胡麻籽和芝麻等特色油籽。其中，葵花籽主要来自哈萨克斯坦，2017年中国从哈萨克斯坦进口12.1万吨葵花籽，占中国葵花籽进口总量的99.3%。胡麻籽主要来自加拿大，在沿线国家中，中国仅从俄罗斯进口胡麻籽，2017年进口规模占进口总量的15.0%。中国还从缅甸、孟加拉国、印度和巴基斯坦等国进口芝麻，但目前从沿线国家进口的芝麻总量较少，非洲仍是中国芝麻主要进口地区。

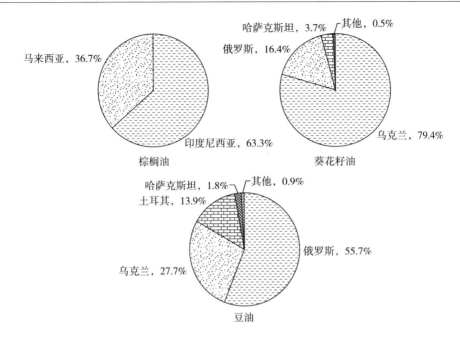

图 5 - 4　2017 年中国自沿线国家进口油脂国别结构

资料来源：中国海关统计。

四、油籽出口辐射众多沿线国家

花生和食用葵花籽是中国具有出口优势的油籽产品（见图 5 - 5）。目前，中国花生出口至 54 个沿线国家，出口势头保持良好。东南亚是中国花生出口的主要区域。2017 年，中国对泰国、菲律宾、印度尼西亚和马来西亚出口花生分别为 3.01 万吨、3.0 万吨、2.56 万吨、2.39 万吨，出口量占对沿线国家出口总量的 46.4%，占中国对世界出口花生总量比重的 21%。此外，沿线国家中越南、伊朗、俄罗斯、黎巴嫩和伊拉克也是中国花生主要出口对象国。

中国食用葵花籽出口至 34 个沿线国家（见图 5 - 6）。其中，伊朗和埃及是最大的出口对象国，2017 年中国分别对两国出口 11 万吨和 7.5 万吨葵花籽，占中国对沿线国家出口葵花籽总量的 28.8% 和 19.5%，合计占中国对世界出口总量的 45.1%。除伊朗和埃及外，中国对伊拉克、土耳其出口葵花籽规模也较大，年出口量达 4 万 ~ 5 万吨。此外，中国对越南、沙特阿拉伯、黎巴嫩、缅甸等国出口较多葵花籽，规模多集中在1万吨以上。

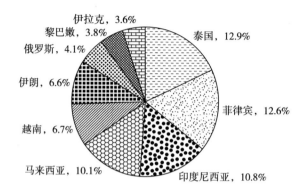

图5－5　2017年中国对沿线国家出口花生国别结构

资料来源：中国海关统计。

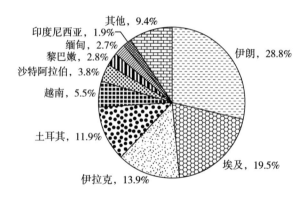

图5－6　2017年中国对沿线国家出口葵花籽国别结构

资料来源：中国海关统计。

五、与部分国家贸易合作日趋紧密

近年来，俄罗斯、蒙古、印度尼西亚、乌克兰、哈萨克斯坦和印度等国与中国油脂油料贸易日趋紧密，尽管部分油籽油脂产品贸易规模总体偏小，但增长势头十分明显。

分国家来看，中国主要从俄罗斯进口豆油、大豆、胡麻籽、油菜籽，以上四种产品进口增长均非常显著。2010~2017 年，中国从俄罗斯进口的豆油从 54 吨增长至 12.8 万吨；大豆从 678 吨增至 50.6 万吨；油菜籽从无增至 6.4 万吨；胡麻籽从 40 吨增至 5.1 万吨。目前，俄罗斯因胡麻籽价格低廉和通关便利等优势备受国内加工企业和贸易商偏爱，已成为中国第二大胡麻籽进口国。蒙古与中国油菜籽贸易日趋活跃，中国从蒙古进口油菜籽从 562 吨增至 11.6 万吨。印度尼西亚是世界棕榈油主要生产和贸易国，近年来棕榈油出口势头强劲，与中国棕榈油贸易也逐年增加，并逐渐替代了马来西亚对中国出口的部分市场份额，自 2010 以来，中国从印度尼西亚进口棕榈油从 224.5 万吨增至 321.6 万吨。乌克兰是中国首要的葵花籽油进口来源地，除葵花籽油外，大豆和豆油贸易也呈现出活跃趋势。自 2010 年以来，中国自乌克兰进口葵花籽油从 2.2 万吨增至 58.2 万吨，大豆和豆油从零进口分别增至 2.1 万吨和 6.4 万吨。中国与中亚国家哈萨克斯坦的贸易主要是葵花籽，目前中国葵花籽进口基本全部来自哈萨克斯坦，进口量从 3624 吨增至 12.1 万吨。印度与中国花生及花生油贸易相对活跃。2010~2017 年，中国从印度进口花生油从 341 吨增至 1.3 万吨，花生进口量从不足 1 万吨增至 1.5 万吨。

第三节 中国与"一带一路"沿线国家特色油料贸易潜力分析

近十年来，中国与沿线国家油脂油料贸易总体保持良好发展态势。在"一带一路"倡议下，中国与沿线国家贸易基础良好，综合考虑贸易环境、区位分布、资源禀赋以及经济增长等，未来与沿线国家油脂油料贸易规模具备一定的增长潜力。双边贸易规模的扩大有利于满足中国与沿线国家日益增长的消费需求，同时也有利于满足中国油脂油料产品出口来源多元化的发展需求。

一、中国与沿线国家政治与经贸环境日益改善

一是中国与沿线国家外交关系良好。经过 40 多年的改革开放，中国全方位、

多层次、宽领域的对外开放格局已经基本形成。沿线国家与中国外交关系融洽、合作日益紧密，俄罗斯、蒙古、印度尼西亚、乌克兰、哈萨克斯坦和印度等与中国油脂油料贸易较为密切的国家多为中国的友好邻邦，良好的外交环境为开展双边经贸合作奠定了坚实的政治基础。二是中国与沿线国家经济战略合作日趋紧密。截至2019年10月底，中国已与137个国家和30个国际组织签署197份共建"一带一路"倡议合作文件。相关战略合作协议的签署和实施，有利于进一步推动中国与沿线国家重要农产品经贸往来。三是中国自贸区建设加快推进。目前，中国已与26个国家和地区签署了19个自贸协定，为未来与沿线国家和地区开展重要农产品以及油脂油料贸易合作提供了广阔空间和极佳的政策环境。

二、中国与沿线国家贸易结构和资源禀赋互补

一是中国与沿线国家油料和油脂贸易结构互补特征明显。目前，中国主要从沿线国家进口各类油脂（棕榈油、葵花籽油）和部分特色油籽（油用葵花籽、胡麻籽等），出口产品主要为花生和食用葵花籽等产品，双边进口、出口贸易产品结构差异较为明显、互补特征鲜明。二是沿线主要国家资源禀赋优势较为突出。部分沿线国家耕地资源丰富、耕地质量总体较高，如俄罗斯拥有世界上面积最大的黑土带；乌克兰国土面积的2/3为黑土地，占世界黑土总量的1/4。同时，沿线国家种植了较大规模的油料经济作物，印度尼西亚棕榈种植面积和产量全球第一；乌克兰和俄罗斯葵花籽产量占世界总产量的52.04%；俄罗斯和哈萨克斯坦是全球第一和第三大胡麻籽产出国。三是中国农业技术及研发具备一定优势。中国油料优良品种、先进技术、生产经营管理人才优势较为突出，均可向沿线国家输出，有助于提高当地油脂油料生产率，相关产品出口至中国也可丰富中国进口来源，调剂国内余缺，满足产需缺口。

三、中国与沿线国家互通便利程度进一步提升

近年来，中国与沿线国家贸易互通日益加深，为双边贸易奠定了良好基础。一是设施联通不断深入。目前，中国已与世界200多个国家、600多个主要港口建立航线联系，海运互联互通指数保持全球第一。截至2018年底，中欧班列累计开行数量突破12937列，运送货物超过80万标准箱，国内开行城市56个，到

达欧洲 15 个国家 49 个城市。二是口岸建设不断完善。沿线国家油脂油料主要贸易伙伴中，俄罗斯与中国边境线长达 4350 多千米，中国已建成 23 个口岸（包含铁路口岸、公路口岸，水运口岸）与俄罗斯相通。新疆与中亚五国开通了 2 个航空口岸和 10 个陆路边境口岸。其中，陆路口岸中与哈萨克斯坦最大城市阿拉木图的距离仅 380 千米。中国与中亚五国铁路与公路口岸均与中俄两国国内公路网和铁路网相连，为相关农产品贸易提供了物流便利。三是部分产品贸易限制取消。2016 年、2017 年中国相继放开了自俄罗斯进口胡麻籽和葵花籽的限制。2018 年，中国与埃塞俄比亚签署了《关于埃塞俄比亚大豆输华植物检疫要求议定书》，与印度签署了《印度菜粕输华安全卫生条件的议定书》，允许符合要求的埃塞俄比亚大豆、印度菜粕出口至中国。埃塞俄比亚是非洲农业大国，也是新兴大豆输出国，印度是食用植物油加工和消费大国，开放埃塞俄比亚大豆进口和印度菜粕进口，将对加强中埃、中印农产品贸易往来，丰富中国进口大豆以及饲料粕来源市场，满足国内产业需求发挥积极作用。

四、中国与沿线国家油脂油料贸易潜力可期

一是贸易增长势头良好。自 2010 年以来，中国与沿线国家油脂油料双边贸易增长势头明显。从沿线国家进口的菜籽油、豆油、胡麻籽、油菜籽、大豆和油用葵花籽等规模均呈现大幅增长，同期对沿线国家出口的食用葵花籽年均增长率超过 20%。沿线国家在中国油脂油料贸易中占据了越来越重要的地位。二是中国与沿线国家对油脂油料需求增长趋势明显。沿线国家多为发展中国家和不发达国家，随着经济发展和人口增加，未来农产品需求增长潜力巨大，与中国贸易联系将日益紧密，中国食用葵花籽和花生等出口优势产品出口规模有望稳中有增。与此同时，当前和今后一段时期内，中国油脂油料进口来源多元化需求较为迫切；加之中国食用植物油消费结构升级背景下，未来对小宗特色油脂如葵花籽油、芝麻油和胡麻籽油的消费需求将逐渐增多，相应地对油用葵花籽、胡麻籽、芝麻等特色油籽以及葵花籽油等油脂的需求也会增加。三是沿线国家具备油脂油料增产潜力。俄罗斯、乌克兰、哈萨克斯坦等沿线国家耕地资源丰富且油料作物种类较多，增产潜力巨大。以葵花籽和胡麻籽为例，俄罗斯和乌克兰两大葵花籽主产国目前单产水平并不高，2019 年分别为 1827.7 千克/公顷、2559.9 千克/公

顷，与全球2048.8千克/公顷的平均水平相比，俄罗斯低了221.1千克/公顷、乌克兰高511.1千克/公顷，但均低于中国单产水平，为中国的64.2%和89.9%。俄罗斯和哈萨克斯坦胡麻籽单产水平也处于较低水平，2019年分别为54.2千克/亩和53.9千克/亩，均不及世界平均水平，未来随着单产水平的提高，两国胡麻籽产量仍有较大提升空间，为双边贸易提供了有力供给保障。

第六章 中非特色油料合作发展研究

非洲是中国重要的对外合作伙伴。农业是中非合作的重点领域和重要利益交汇点。自 2006 年中非合作论坛召开以来，中国与非洲各国积极开展农业合作，在农业政策、科技、人才、贸易、投资等全方位深入交流合作。从特色油料生产来看，非洲是世界传统油棕产区也是世界最大的芝麻主产区；从中国特色油料油脂进口来看，棕榈油是中国进口规模最大、依赖程度最高的特色油脂；芝麻是中国进口规模最大、增速最快的特色油料。基于非洲油料生产特点以及中国特色油料油脂贸易特点，本章重点对中非油棕、芝麻经贸合作现状及方向进行分析。

第一节 中非油棕合作研究

非洲是传统油棕产区，拥有悠久的种植历史和丰富的资源条件。早在 20 世纪 60 年代，非洲是全球最大油棕主产区。近几十年来，随着东南亚主要国家油棕产业发展壮大，非洲油棕产业发展日趋缓慢，在全球供应中占据的比重逐渐下降。中国是世界棕榈油进口大国，年平均进口量仅次于印度。基于资源条件和发展潜力来看，未来油棕产业有望成为中非双边农业合作的重要领域。

一、非洲油棕产业发展概况

油棕是世界上生产效率最高的产油植物，享有"世界油王"的美誉。棕榈树最早产于非洲，是非洲的传统产业。早在 20 世纪 60 年代，非洲油棕产量占全球比重约为 85%。近 60 年来，非洲油棕产业总体稳步发展，但发展速度显著低于同期东南亚地区油棕生产发展，占世界供给比重逐渐下降。

（一）非洲地区油棕生产稳步发展

1. 非洲棕榈种植和生产规模扩大

（1）非洲棕榈生产发展阶段性特征明显。第一阶段：1961～1978 年，非洲棕榈生产规模小幅缩减。棕榈树种植面积略有下降，从 344.5 万公顷减少至 281.2 万公顷，减幅 18.4%。同一时期，棕榈果单产略有增加，从 3.3 吨/公顷增至 3.8 吨/公顷，增幅 12.9%。棕榈果产量从 1152 万吨降至 1061.8 万吨，减幅 7.8%。第二阶段：1979～2019 年，非洲棕榈生产规模显著增加。其中，棕榈种植面积从 315.0 万公顷增至 557.7 万公顷，增幅高达 77.0%。这一时期，非洲棕榈果单产增长极为缓慢，从 3.6 吨/公顷增至 3.9 吨/公顷，增幅仅为 9.0%，远低于同一时期全球平均单产 120.6% 的增幅。产量从 1133.2 万吨增长至 2186.8 万吨，增长 93.0%（见图 6-1）。

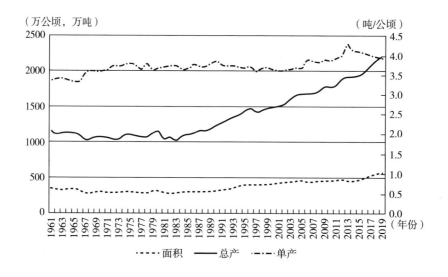

图 6-1 1961～2019 年非洲棕榈树种植面积

资料来源：联合国粮农组织。

（2）非洲棕榈在世界生产中占比总体逐年降低，主产国集中在尼日利亚、喀麦隆、加纳地区。20 世纪 60 年代，非洲棕榈在世界生产中占据了重要地位，

1961 年，棕榈果产量占全球总产量的比重高达 84.5%。但此后受生产发展总体缓慢影响，加之东南亚国家棕榈生产快速发展，印度尼西亚、马来西亚等国不断扩大棕榈树种植规模，非洲棕榈在世界生产中占据的比重逐年下降。到 2019 年，非洲棕榈果产量占世界总量的比重仅为 5.3%（见图 6 - 2）。

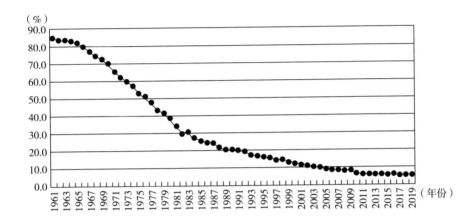

图 6 - 2 1961~2019 年非洲棕榈果产量占全球总产量的比重

资料来源：联合国粮农组织。

从主要生产国分布来看，2019 年尼日利亚、加纳、喀麦隆、科特迪瓦、刚果（金）、几内亚六国的棕榈果产量分别为 1002.5 万吨、265.5 万吨、216.5 万吨、205.5 万吨、183.5 万吨、84.8 万吨，分别占非洲棕榈果总产比重为 45.8%、12.1%、9.9%、9.4%、8.4%、3.9%，合计占非洲总产的 89.5%，占世界棕榈果总产的 4.6%（见表 6 - 1）。

表 6 - 1 2019 年非洲主要国家棕榈果产量及占比情况　单位：万吨，%

	产量	占非洲比重	占世界比重
尼日利亚	1002.5	45.8	2.4
加纳	265.5	12.1	0.6
喀麦隆	216.5	9.9	0.5
科特迪瓦	205.5	9.4	0.5

续表

	产量	占非洲比重	占世界比重
刚果（金）	183.5	8.4	0.4
几内亚	84.8	3.9	0.2
贝宁	73.3	3.4	0.2
安哥拉	28.1	1.3	0.1
塞拉利昂	25.7	1.2	0.1
利比里亚	17.6	0.8	0.0

资料来源：联合国粮农组织。

2. 非洲棕榈油生产缓慢增长

（1）非洲棕榈油产出增长缓慢。棕榈油由棕榈果压榨而得，出油率约为20%。1961～2018年，非洲棕榈油总产量由113.2万吨上升至268万吨。其中，1961～1984年产量较为稳定，随后开始缓慢增长，至2008年达248.6万吨的阶段性峰值，此后连续几年波动下滑，2014年下降至211.5万吨后又逐步增加，至2018年达到历史峰值268万吨。尽管非洲棕榈油产量呈总体增长趋势，但棕榈油产量占世界比重逐年下降。1961年，非洲棕榈油占世界总产比曾达76.5%，此后随着东南亚国家棕榈产业快速发展壮大，非洲占比逐渐降低，至2019年非洲棕榈油产量占世界比重降至3.8%（见图6-3）。

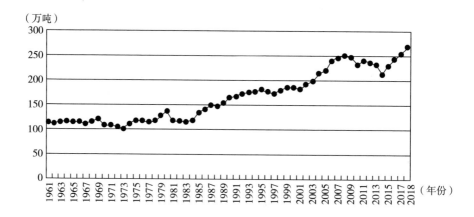

图6-3 1961～2018年非洲棕榈油产量及变化

资料来源：联合国粮农组织。

（2）非洲棕榈油产区主要集中在西非地区。1961～2018 年，西非棕榈油产量占非洲总产量的比重总体维持在 70% 左右。2018 年，西非、中非和东非棕榈油产量分别为 215.9 万吨、49.2 万吨和 3.0 万吨，占非洲棕榈油总产量的比重分别为 80.6%、18.3% 和 1.1%（见表 6-2）。

表 6-2 1961～2018 年世界及非洲主要区域棕榈油产量　　单位：万吨

年份	世界	非洲	东非	西非	中非
1961	147.9	113.2	0.2	81.5	31.6
1970	193.7	107.7	0.3	71.5	35.9
1980	508.3	135.7	0.7	103.0	32.0
1990	1144.9	164.4	1.1	122.1	41.2
2000	2222.8	185.1	1.1	145.5	38.5
2010	4578.2	230.3	2.4	167.1	60.8
2011	4945.0	239.0	2.2	164.6	72.2
2012	5265.3	235.9	2.3	171.4	62.2
2013	5441.9	231.7	2.9	165.5	63.4
2014	5739.5	211.5	3.0	164.7	62.9
2015	6008.4	228.0	3.0	183.9	41.2
2016	5836.9	241.9	3.2	193.8	44.9
2017	6868.9	253.0	3.0	202.7	47.3
2018	7146.8	268.0	3.0	215.9	49.2

资料来源：联合国粮农组织。

（3）尼日利亚、刚果（金）、喀麦隆等国是非洲棕榈油主要产出国。从主要生产国来看，2018 年，前五大生产国尼日利亚、科特迪瓦、加纳、喀麦隆、刚果（金）棕榈油产量分别为 113 万吨、45 万吨、31.2 万吨、30 万吨和 9.9 万吨，占非洲棕榈油总产量的比重分别为 42.2%、16.8%、11.7%、11.2% 和 3.7%。尼日利亚目前是次于印度尼西亚、马来西亚、泰国、哥伦比亚的全球第五大棕榈油生产国（见图 6-4）。

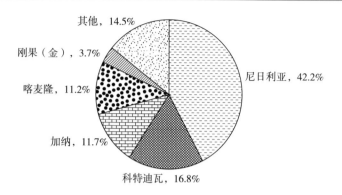

图 6 - 4　2018 年非洲棕榈油产出国产量分布及占比情况

资料来源：联合国粮农组织。

（二）非洲棕榈油贸易规模持续扩大

2000～2019 年，非洲地区棕榈油进出口总额从 8.8 亿美元增长至 81.2 亿美元。其中，出口额和进口额分别由 1.0 亿美元和 7.8 亿美元增长至 9.4 亿美元和71.8 亿美元，年均增长率分别为 12.3% 和 12.4%。非洲棕榈油出口规模总体较小且变化不大。2017 年之前缓慢上升，之后呈现下降趋势；2017 年之前棕榈油进口额出现大幅度波动性上升，之后也出现快速下降（见图 6 - 5）。从进口贸易来看，印度尼西亚、马来西亚、新加坡、泰国和柬埔寨是非洲棕榈油的主要进口来源国。塞内加尔、乌干达、马里、尼日尔和布基纳法索是非洲主要的棕榈油进口国。从出口贸易来看，加纳、南非、科特迪瓦、多哥和利比里亚是非洲主要的棕榈油出口国。

（三）非洲棕榈油投资加工快速发展

棕榈果主要用于加工生产棕榈仁和棕榈油。棕榈油是一种用途广泛的产品，其用途包括化妆品、蜡烛和生物燃料以及食品等应用领域。近年来，非洲地区棕榈产业不断发展，海外国家投资和加工也在持续推进。目前，西非和中部非洲地区近几年已成为外国投资者投资棕榈油的主要目标市场。近年来，喀麦隆、刚果（布）、安哥拉、科特迪瓦、坦桑尼亚、莫桑比克等国大量土地被农业企业投资用于种植棕榈树。

以非洲最大棕榈油产出国尼日利亚为例。棕榈加工是尼日利亚重要的经济产业。尼日利亚大约有 70000 平方英里的土地为野生棕榈树提供了极好的生长条件，

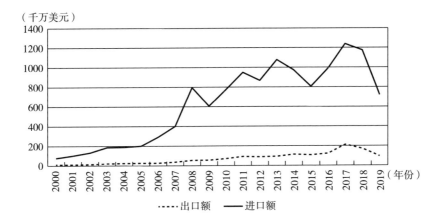

图 6 - 5 2000 ~ 2019 年非洲棕榈油进出口总额

资料来源：UN Comtrade 数据库。

这些地区被称为"棕榈带"（Palm Belt），大部分位于尼日利亚南部。20 世纪 60 年代，尼日利亚因为棕榈种植和加工规模相对较大，曾控制了世界棕榈油 40% 以上的供给。但由于过度开发和对传统生产方法的依赖，行业市场份额此后持续下降。目前，尼日利亚每年还需进口 50 多万吨棕榈油满足国内消费。数据显示，尼日利亚从 2014 年至 2019 年 6 月共进口了 204 万吨棕榈油。近几年，尼日利亚棕榈加工不断发展。2018 ~ 2019 年，尼日利亚棕榈油行业销售的预期增长预计高达 40%。尼日利亚棕榈油的传统市场通常由业内小规模生产商主导，这些生产商占当地生产总量的 70% 以上，总计约 65 万吨。

除尼日利亚外，非洲其他油棕生产国也在积极发展棕榈产业。2018 年，安哥拉将棕榈树发展（SDP）子计划纳入农业部门中期发展计划 2018 ~ 2022 五年规划（PDMPA 2018 ~ 2022），作为农业生产支持计划（PAPA）的一部分。该子计划包括 37 亿宽扎公共开支和 103 亿宽扎银行融资用于支持私营部门。项目实施后，可建设和恢复 32528 公顷的棕榈树用地，从该子计划实施的第三年起，每年约可生产 1.2 万吨棕榈油。2018 年开始，喀麦隆实施为期 8 年的棕榈油施肥计划。政府对生产者提供化肥补贴，补贴额度高达 36 亿中非法郎，该项补贴政策的实施将会使化肥价格降低 25%，在一定程度上会激励生产者种植棕榈。

二、中非棕榈油贸易概况

中非棕榈油贸易规模总体不大。2001～2019 年，中非棕榈油贸易进出口总额从 16 万美元增至 143 万美元。其中，非洲对中国出口棕榈油从 10.4 万美元降至 0.7 万美元，同期非洲从中国进口棕榈油从 5.4 万美元增至 142.5 万美元。总体来看，非洲从中国进口棕榈油规模不大，但年度间波动较为频繁，进口最高年份达 1385 万美元，最低年份不足 10 万美元。非洲对中国出口极少。

图 6 - 6 2000～2019 年中非棕榈油贸易情况

资料来源：UN Comtrade 数据库。

从主要贸易地区来看，塞内加尔、喀麦隆、埃及和加纳是非洲对中国的主要棕榈油出口国，塞内加尔、贝宁、科特迪瓦、卢旺达和布基纳法索是非洲从中国进口棕榈油的主要国家。

三、非洲油棕产业发展存在的问题和发展潜力

（一）非洲油棕产业存在的主要问题及未来发展面临的"瓶颈"

1. 非洲油棕单产水平偏低

受优良种质资源缺乏、树龄老化、生产管理技术落后以及基础设施不足等影

响，非洲地区棕榈果平均单产仅有 3.9 吨/公顷，远低于世界 14.4 吨/公顷的平均水平。从主要国家来看，非洲地区仅有贝宁棕榈果单产水平（18.3 吨/公顷）超过世界平均水平，喀麦隆、安哥拉、几内亚、塞内加尔等国单产超过 10 吨/公顷。非洲最大主产国尼日利亚棕榈果单产仅有 2.6 吨/公顷，单产水平明显偏低。

2. 棕榈果采摘效率偏低

目前，世界主要产区均采用传统采摘方式也即人工采摘棕榈果，由于棕榈树果串巨大，人工采摘难度大。加之非洲地区多数国家农业机械较为缺乏，采摘难度相对更大，导致工作效率低下等突出问题。据统计，目前非洲油棕主产国尼日利亚棕榈果的产后损失率约高达 50%。

3. 生产发展的基础条件相对较弱

非洲主要国家基础设施建设相对落后，如道路建设、电力供应、灌溉及排水系统建设等发展极为落后，在很大程度上限制了产业发展和投资合作。在农业科技研发上，非洲多数国家农业科技基础和应用水平较许多农业发达国家差距大。农业科研院所和推广机构覆盖范围小，且大多功能不足，效率低下；新品种、技术研发与推广难度较大。

4. 棕榈油加工能力较弱

目前，非洲地区棕榈油的传统市场通常由业内小规模生产商主导。如尼日利亚的小规模生产商占当地棕榈油生产总量的 70% 以上。由于规模偏小，加之技术研发重视程度不高，生产商普遍粗加工技术和设备效率偏低的突出问题，目前加工能力较弱也是困扰非洲地区特别是主要生产国尼日利亚棕榈油行业发展的难题之一。

（二）非洲油棕产业的发展方向及潜力

1. 单产水平有望大幅提升

目前，非洲油棕平均单产水平明显偏低，仅为世界平均水平的 26.9%。通过老旧树种更新、品种改良、基础设施建设、栽培管理技术改进和提升，非洲油棕单产有大幅提升空间。

2. 棕榈油深加工和出口潜力较大

非洲棕榈树种植面积占全球总面积的 19.7%，但加工产出的棕榈油仅占全球的 3.8%。这一方面受棕榈果单产水平较低影响较大，另一方面也与棕榈油加工技术较弱、设备投资建设不足等有较大关系。非洲特别是西非地区是油棕生产潜力较大的区域，未来可通过加工技术、设备投资与能力提升，显著提高棕榈油产出能力。在满足国内消费需求的基础上，可以逐渐实现出口。

四、中非油棕产业合作展望

（一）中非油棕产业合作的重点领域

考虑到中国经济增长趋稳，外汇储备处于较高水平，投资的条件具备、机制较为成熟。尼日利亚等非洲传统油棕生产国正处于经济平稳增长，且国内需求增长阶段，未来双边农业合作和投资规模可进一步扩大，中国对非洲油棕产业投资总量有望增加。基于中国和非洲主要国家资源、油棕产业、双边贸易情况等，未来双方油棕产业合作的重点领域集中在以下几个方面：

1. 种质资源交流与合作

受气候条件约束，中国无法大面积种植油棕，但长期以来围绕油棕品种以及栽培管理等进行了科技研发。中国热带农业科学院椰子研究所近 20 年来一直从事油棕品种研发与改良，在油棕品种研发方面具有一定优势。未来中非两国可充分利用两国种质资源，加强油棕新品种培育的合作研究，与尼日利亚、加纳等主要生产地区联合开展合作研究，研发优良高产品种。

2. 棕榈树种植投资合作

基于非洲油棕单产水平明显偏低的短板，未来中国可依托非洲地区广阔的耕地资源，积极在非洲开展油棕种植合作。通过品种引进、改良、生产管理技术提升，同时围绕小农田型水利设施改造和建设，滴灌技术和设备等开展交流与合作，不断提高非洲油棕生产效率，积极扩大棕榈果有效产能。

3. 棕榈油加工贸易合作

目前，中国与非洲棕榈油贸易合作较少，主要还是受非洲棕榈油产出水平较低限制。未来可通过在当地投资建设加工企业，在本地生产加工棕榈油，在不断提升棕榈油产出能力的基础上，向国内和世界其他国家地区输出棕榈油。

（二）中非开展该品种产业合作的重点形式

1. 依托政府间合作项目开展投资合作

非洲主要国家外资环境总体较为宽松，但也存在金融风险如通货膨胀等。中国赴非洲开展农业投资可在现有以政府间合作项目为主的基础上，进一步拓展投资空间，采用更加灵活的投资模式。鼓励有条件、竞争力较强的企业进入非洲国家，采取绿地投资、并购等方式开展投资合作。

2. 充分利用土地和劳动力优势开展本土化生产经营投资合作

非洲各国家土地政策差异较大，但土地租赁总体较为便利且成本相对较低。尼日利亚法律规定，外资可以取得最长不超过 99 年的农业耕地所有权和承包经营权，基本没有附加条件。但尼日利亚土地和房屋销售和出租价格地域差异也较大。如在阿布贾和拉各斯，根据地理位置不同，土地价格为 100～1000 美元/平方米；在其他州府为 140～150 美元/平方米。在投资合作时，可采取灵活的方式开展农业生产开发、加工经营等合作。同时，非洲当地的劳动人口较为充裕，且成本低廉，如尼日利亚人口为 2.1 亿，普通劳动力资源十分充足，可优先雇用当地劳动力开展生产经营。但需要注意的是，非洲多数国家劳动力素质相对较低，必须经过长时间培训才能满足工作需要。

（三）中非油棕产业合作的重点项目

一是双边合作研发优良品种项目。通过中国援非项目以及科研院所交流合作项目，积极与非洲主要国家农业部门对接，推进油棕优良品种以及管理技术交流和输出合作项目。在带动非洲主要国家提升油棕单产和采摘效率的同时，也可以通过贸易确保中国油脂供给安全。

二是中非油棕产业园项目。海外产业园区是推动"一带一路"建设的重要抓手，尤其是海外产业园区在提供优惠政策、便利设施和专业服务以及带动中国企业"走出去"等方面，都发挥着重要作用。可依托中非政府间合作项目以及援外资金项目等开展中非油棕产业园项目建设。在对非洲主要国家宏观环境和行业市场、营商环境进行全面分析与评估基础上，做好产业园建设顶层设计和发展规划谋划。明确园区运营模式、利益分配，吸引中国和其他国家油棕加工企业入驻产业园，积极引进油棕产业技术、设备、人才，推动非洲地区油棕产业有序发展。

第二节　中非芝麻合作研究

非洲是世界最大的芝麻主产区，芝麻产量约占世界总产量的60%。非洲也是中国芝麻进口主要来源地，中国80%的进口芝麻来自非洲。近年来，中国与非洲主要国家保持密切经贸合作，对非农业投资增长显著，双边贸易规模持续扩大，农业援助以及技术合作稳步发展。芝麻是目前中国与非洲油料合作的重要农产品和主要产业。基于生产和贸易视角，非洲芝麻产业发展潜力巨大，未来中非芝麻产业经贸合作前景广阔。

一、非洲芝麻产业发展概况

（一）非洲地区芝麻生产概况

1. 非洲芝麻生产发展阶段性特征显著

芝麻是非洲主要的经济作物。近60年来，非洲芝麻生产表现出明显的阶段性特征。一是20世纪60年代初期至2000年，非洲芝麻生产发展总体较为缓慢。这一时期非洲芝麻种植面积有所增加，但单产波动下降，总产增长缓慢。1961~2000年，非洲芝麻面积从94.91万公顷增至300万公顷，但单产从428.7千克/公顷波动下降至238.4千克/公顷；芝麻总产从40.7万吨增至71.5万吨。二是2000~2007年，芝麻生产总体稳步增长。这一时期非洲芝麻面积略减、单产和总产均呈现增长趋势。2007年非洲芝麻面积降至265.6公顷，单产和总产分别提升78.1%和57.7%，增至424.7千克/公顷和112.8万吨。三是自2007年以来快速增长期。2007~2018年，非洲芝麻生产迅猛增长。2018年，面积增至754.9万公顷，单产增至473.5千克/公顷，总产增至357.5万吨。与2007年相比增幅分别为184.4%、11.5%、216.9%。与1961年相比，增幅分别为695.4%、10.5%和778.6%。自2007年以来，非洲主要油料作物产量增长显著和非洲积极扩大对外开放，以及与主要国家经贸合作日益密切有紧密关系。2000~2020年，中国与非洲陆续举行了七届中非合作论坛，举办了中国对非援助、农产品经贸合作以及农业技术交流等明显增多，在很大程度上促进了非洲农业生产发展，加速了非洲芝麻产能提升（见图6-7）。

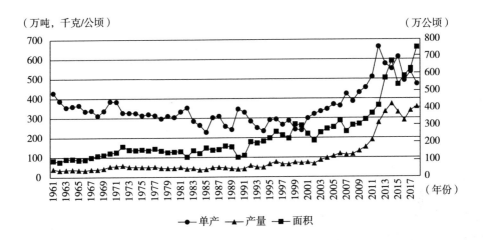

图6-7 1961~2018年非洲芝麻生产发展趋势特征

资料来源：联合国粮农组织。

2. 非洲芝麻在世界生产中占据重要地位

由于芝麻生产快速发展，非洲芝麻在世界芝麻生产中占据的重要性也越来越大。2018年，非洲芝麻产量占世界总量比重为59.4%。与1961年相比，占比提高了30.7个百分点（见表6-3）。芝麻还是非洲地区对外贸易的主要农产品，为非洲主要国家出口创汇和经济增长做出了巨大贡献。

表6-3 2000~2018年非洲主要油料作物产量占世界产出比重 单位:%

年份	芝麻占世界总产比重
1961	28.7
2000	25.0
2005	31.6
2010	35.4
2015	55.1
2016	54.3

年份	芝麻占世界总产比重
2017	58.6
2018	59.4
2018 年比 2000 年增加百分点	34.4
2018 年比 1961 年增加百分点	30.8

资料来源：联合国粮农组织。

3. 非洲芝麻生产主要集中在北非、东非地区

近 60 年来，非洲芝麻生产格局变化较大，但总体呈现北非为主，东非、西非稳步发展的格局。从面积分布来看，北非是非洲地区芝麻最大产区。2000 年，北非芝麻种植面积最高达 203.9 万公顷，占非洲芝麻面积比重高达 68%；东非、西非芝麻面积占比分别为 14.5%、11.2%。自 2000 年以来，东非地区芝麻生产发展迅速，面积和占比不断扩大，至 2015 年，东非芝麻面积占比高达 44.4%。近几年，北非地区芝麻生产增速恢复性增加，重新占据非洲最大主产区域。2018 年，北非芝麻面积达 351.5 万公顷，占比达 46.6%；东非、西非仅次于北非，芝麻面积分别为 226.7 万公顷和 133.2 万公顷，占比分别为 30.0% 和 17.6%；中非受气候以及耕地条件等因素制约，芝麻面积仅为 43.4 万公顷，占比为 5.8%（见表 6-4）。

表 6-4 非洲芝麻区域面积分布 单位：万公顷，%

年份	非洲	东非	占比	中非	占比	北非	占比	西非	占比
1961	94.9	23.9	25.2	6.2	6.5	42.3	44.6	22.5	23.7
1970	138.7	32.3	23.3	11.4	8.2	79.7	57.5	15.3	11.1
1980	146.5	29.3	20.0	11.5	7.9	86.2	58.9	19.4	13.2
1990	115.3	39.4	34.1	11.2	9.7	48.3	41.9	16.4	14.2
2000	300.0	43.4	14.5	19.0	6.4	203.9	68.0	33.7	11.2
2010	335.6	99.7	29.7	33.4	10.0	131.1	39.1	71.4	21.3
2015	539.0	239.3	44.4	41.7	7.7	148.8	27.6	109.2	20.3
2016	588.8	227.8	38.7	40.3	6.8	216.5	36.8	104.2	17.7
2017	631.2	211.2	33.5	42.1	6.7	273.1	43.3	104.7	16.6
2018	754.9	226.7	30.0	43.4	5.8	351.5	46.6	133.2	17.6

资料来源：联合国粮农组织。

从产量分布来看，非洲芝麻区域格局也呈现一定的调整。20 世纪 80 年代以前，由于种植面积较大，北非芝麻产量占据非洲的半壁江山；东非芝麻产量占比约为 1/4。1982～2000 年，东非芝麻生产稳步发展，在非洲芝麻产出中占比有所增加，但北非芝麻生产仍然是非洲芝麻产出主要构成。自 2000 年以来，东非芝麻产出能力迅速提高，西非芝麻单产水平也显著提高，带动产量增加。与此同时，北非芝麻单产水平提升缓慢，在非洲芝麻生产中的占比持续下降。2005 年，东非芝麻产量超过北非，成为非洲芝麻最大产区。2018 年，东非芝麻产量 131.7 万吨，占非洲芝麻总产比重达 36.8%；北非、西非产量均约为 100 万吨，占比分别为 28.7% 和 27.7%；中非芝麻产量 24.0 万吨，占比为 6.7%（见表 6-5）。

表 6-5　非洲芝麻区域产量分布和占比情况　　　　单位：万吨，%

年份	非洲	东非	占比	中非	占比	北非	占比	西非	占比
1961	40.7	8.6	21.0	1.6	3.9	24.2	59.6	6.3	15.0
1970	53.4	13.7	25.6	3.8	7.1	31.7	59.4	4.2	7.9
1980	44.6	12.0	27.0	3.1	7.0	23.7	53.2	5.7	12.8
1990	39.9	18.0	45.2	4.9	12.3	10.3	25.8	6.6	16.7
2000	71.5	19.4	27.1	8.3	11.6	32.0	44.8	11.8	16.5
2010	153.2	69.6	45.5	17.6	11.5	29.5	19.3	36.4	23.8
2015	330.0	191.3	58.0	23.2	7.0	38.0	11.5	77.6	23.5
2016	289.5	133.6	46.2	24.2	8.3	56.6	19.6	75.1	25.9
2017	338.3	149.7	44.3	24.0	7.2	81.8	24.2	82.5	24.4
2018	357.5	131.7	36.8	24.0	6.7	102.6	28.7	99.2	27.7

资料来源：联合国粮农组织。

4. 芝麻主产国集中度高

苏丹、尼日利亚、坦桑尼亚、埃塞俄比亚、布基纳法索、南苏丹等是芝麻主要生产国。2018 年，六国芝麻产量分别为 98.1 万吨、57.3 万吨、56.1 万吨、30.1 万吨、25.4 万吨和 20.7 万吨，分别占非洲芝麻总产量的比重为 27.4%、16.0%、15.7%、8.4%、7.1% 和 5.8%，合计占非洲总产量的 80.5%，占世界芝麻总产量的47.8%（见表6－6）。

表6－6　2018年非洲主要国家芝麻产量及占比情况　单位：万吨,%

国家	产量	占非洲比重	占世界比重
苏丹	98.1	27.4	16.3
尼日利亚	57.3	16.0	9.5
坦桑尼亚	56.1	15.7	9.3
埃塞俄比亚	30.1	8.4	5.0
布基纳法索	25.4	7.1	4.2
南苏丹	20.7	5.8	3.4
乍得	17.3	4.8	2.9
乌干达	14.0	3.9	2.3
尼日尔	9.0	2.5	1.5
莫桑比克	6.5	1.8	1.1

资料来源：联合国粮农组织。

苏丹是非洲也是世界第一大芝麻主产国，是仅次于印度的世界第二大芝麻出口国。芝麻是苏丹的传统农作物之一，也是其主要的出口产品。主要出口对象为埃及、沙特阿拉伯、黎巴嫩、叙利亚等阿拉伯国家和韩国、中国。苏丹芝麻主要有三个品种：西部的棕色芝麻、青尼罗河流域的白芝麻和加达里夫的灰白芝麻。其中，棕色芝麻主要用于国内榨油；白芝麻部分用于国内制作甜点，其余用于出口。苏丹的芝麻种植区域主要集中在雨水种植区，种植集中度较高。其中77%的芝麻种植集中在北科尔多凡州、青尼罗河州和加达里夫州。其中苏丹加达里夫州是苏丹最大的芝麻生产地区，被称为该国的粮仓，每年芝麻产量占苏丹总产的70%。

（二）非洲芝麻对外贸易情况

1. 非洲芝麻贸易规模增长显著，贸易以出口为主

非洲芝麻在生产快速发展带动下，对外贸易规模也不断扩大。2000～2018年，非洲芝麻进出口贸易总额从2.4亿美元增至17.8亿美元，增长了6.4倍。

非洲芝麻贸易以出口为主，出口增速极为显著。近20年间，非洲芝麻出口额从1.9亿美元增至16.6亿美元，增长了7.7倍；进口额从0.6亿美元增至1.2亿美元，增长了1倍。从进口规模来看，2000～2018年，非洲芝麻贸易总量从39.1万吨增至147.8万吨，增长了2.8倍，年均增幅达7.7%。非洲芝麻对世界出口总量占贸易总量比重高达92.3%；出口量从29.4万吨增至140.2万吨，增幅高达3.77倍，年均增长率达9.1%；进口量则维持在10万吨以内，年际间波动总体不大（见图6-8）。

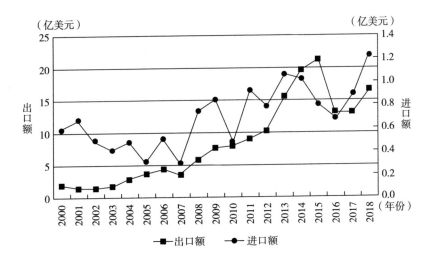

图6-8 2000～2018年非洲芝麻进出口贸易规模

资料来源：UN Comtrade 数据库。

2. 芝麻主要出口国集中度较高

非洲芝麻出口国主要集中在苏丹、埃塞俄比亚、布基纳法索、尼日利亚、尼日尔、坦桑尼亚和莫桑比克等国，前七大出口国芝麻出口总量占比高达81.4%。2018年，苏丹芝麻出口量高达45.1万吨，占非洲出口总量的32.2%，既是非洲第一大芝麻出口国也是世界第一大出口国；埃塞俄比亚是仅次于苏丹的第二大非洲芝麻出口国，2018年出口量为23.3万吨，占出口总量的16.6%；此外，布基纳法索、尼日利亚、尼日尔芝麻出口量分别为16.4万吨、15.0万吨和14.3万吨，占比分别为11.7%、10.7%和10.2%（见图6-9和图6-10）。

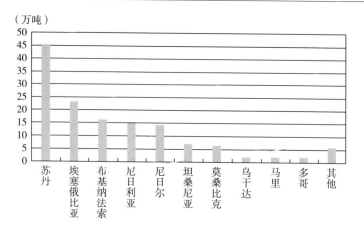

图 6-9 2018 年非洲主要国家芝麻出口量

资料来源：UN Comtrade 数据库。

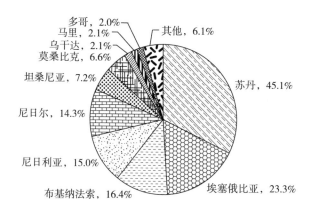

图 6-10 2018 年非洲主要国家芝麻出口量占比结构

资料来源：UN Comtrade 数据库。

（三）非洲芝麻加工业发展现状

非洲芝麻加工业发展总体较为落后。一是加工企业数量总体较少。芝麻主产国苏丹境内除个别国际大型加工企业外，当地芝麻加工企业规模小，产品单一，生产技术落后。二是加工企业规模总体偏小。以埃塞俄比亚芝麻加工企业为例。埃塞俄比亚 Dipasa 农业有限公司是 Dipasa 集团公司的子公司。该公司成立于2008 年，为荷兰的 Dipasa 集团和埃塞俄比亚农业国际有限公司合资成立。公司拥有一个现代芝麻加工工厂，从事芝麻加工、脱壳、烘焙等。产品出口到远东地区、中东地区、北美和欧洲等地的不同国家。2015 年，该公司与 Humer 地区的小农合作社合作，确保原材料供给稳定来提高产品的可追溯性。但总体来看加工规模还是偏小，2015 年公司年加工脱壳芝麻仅有 304 吨，销售额 187 万美元。三是加工技术相对落后，高附加值产品开发极少。受加工技术、设备缺乏限制，非洲主要国家芝麻加工发展极为缓慢。芝麻油及加工产品贸易量较为有限，高附加值芝麻产品生产亟待加强。四是非洲地区芝麻流通多以原料形式。由于加工发展总体较为滞后，非洲各国芝麻贸易主要以原料形式流通。同时，由于芝麻收货后清选水平较低，芝麻杂质率含量较高。

二、中非芝麻产业合作概况

近年来，中国与非洲主要国家保持密切经贸合作，对非农业投资增长显著，双边贸易规模持续扩大，农业援助以及技术合作稳步发展。芝麻是目前中国与非洲油料合作的重要农产品和主要产业。目前，中国与非洲芝麻产业合作主要集中在贸易领域，非洲是中国芝麻主要进口来源地区。此外，中非在芝麻技术合作和交流方面近年来发展日渐增多，但尚未成规模。在非洲地区的产业投资总体规模较小，多以技术援助为主。

（一）中非芝麻贸易规模较大

2015～2019 年，中非芝麻贸易额从 9.7 亿美元增至 11.8 亿美元。中国主要从非洲进口芝麻，出口极少。近五年来，中国自非洲进口芝麻总体处于高位，年际间波动较大。高峰时达 90.4 万吨，最低进口量也达 68.5 万吨。进口额呈现稳步增长趋势，从 9.7 亿美元增至 11.8 亿美元。中国芝麻极少量出口至非洲。近五年出口最高时也仅有 112.6 吨，最低时不足 1.0 吨（见表 6－7）。

表 6－7　2015～2019 年中国与非洲芝麻贸易情况

年份	进口量（万吨）	进口额（亿美元）	出口量（吨）	出口额（万元）
2015	70.8	9.7	0.1	0.02
2016	90.4	9.3	112.6	15.2
2017	68.5	7.1	1.7	1.0
2018	80.7	10.4	9.8	3.4
2019	79.4	11.8	22.3	5.9

资料来源：UN Comtrade 数据库。

（二）中国自非洲进口芝麻较为集中

中国自非洲多国进口芝麻，但苏丹、尼日尔、埃塞俄比亚、多哥、坦桑尼亚五国是主要芝麻进口来源国。2019 年中国从这五个国家进口芝麻的数量分别为17.1 万吨、15.6 万吨、11.3 万吨、10.9 万吨和 10.9 万吨，占全年自非洲进口芝麻总量的 82.8%，占中国自全球芝麻进口总量的 80.9%。

从主要进口国来看，近五年中国自苏丹、尼日尔进口增长十分明显。其中，2015～2019 年，从苏丹和尼日尔芝麻进口量分别增长 142.6% 和 123.9%。同期，中国自世界芝麻进口总量仅增长了 0.8%。从莫桑比克进口芝麻规模也明显增加。2015～2019 年进口量从 4.5 万吨增至 7.9 万吨，增长了 76.5%。主要进口国中，中国从埃塞俄比亚和多哥两国进口芝麻规模波动较大。2016 年，中国从埃塞俄比亚进口芝麻高达 30.4 万吨，占当年中国自世界进口芝麻（93.3 万吨）比例高达 32.6%，但近几年进口量持续减少，2019 年进口量降至 11.3 万吨，从第一大进口来源国降至第三大进口来源国。中国从多哥进口芝麻规模先减后增，2015 年高达 13.0 万吨，2017 年降至 4.4 万吨，近两年进口规模恢复增加，至2019 年增至 10.9 万吨，与 2017 年相比，增长了 149.7%。但与 2015 年相比，仍低于当年进口规模。

（三）与中国开展芝麻贸易在多数非洲国家对外合作中占据及其重要的地位

以 2018 年主要国家芝麻对外贸易为例，尼日尔 99.5% 的出口芝麻都流入了中国市场，苏丹、埃塞俄比亚、坦桑尼亚、莫桑比克等国家出口的芝麻中分别有56.5%、69.0%、80.5% 和 79.4% 的芝麻出口到了中国市场。因此，中国是非洲主要国家最大的芝麻出口市场（见表 6－8）。

表 6－8　2018 年非洲主要国家对世界及对中国出口芝麻规模　　　单位:%

国家	对中国出口占出口总量比重	出口量占中国进口总量比重
苏丹	56.5	33.9
埃塞俄比亚	69.0	21.4
尼日尔	99.5	18.9
多哥	—	13.5
坦桑尼亚	80.5	7.7

国家	对中国出口占出口总量比重	出口量占中国进口总量比重
莫桑比克	79.4	7.0
马里	84.2	2.4
乌干达	64.0	1.8
塞内加尔	51.6	0.3
尼日利亚	1.3	0.3
索马里	10.0	0.2

资料来源：UN Comtrade 数据库。

三、非洲芝麻产业发展存在的问题和发展潜力

（一）非洲芝麻产业存在的主要问题及未来发展面临的"瓶颈"

1. 非洲芝麻生产发展的基础条件相对较弱

芝麻主要生产国苏丹、坦桑尼亚等土地面积较大，且待开发土地规模很大，外商投资进入相对容易，但非洲主要国家基础设施建设明显不足，如道路建设、电力供应、灌溉及排水系统建设等发展极为落后，在很大程度上限制了产业发展和投资合作。在农业科技研发方面，非洲多数国家农业科技基础和应用水平较许多农业发达国家差距较大。农业科研院所和推广机构覆盖范围小，且大多功能不足，效率低下；新技术推广困难重重。很多芝麻主要生产国如苏丹、埃塞俄比亚等国内农业多采用手工作业，农民对农业机械和种植技术的需求较为迫切。

2. 气候和病虫害对芝麻生产影响较大

气候和病虫害是目前影响非洲芝麻生产的主要因素。西非地区降雨较多，对芝麻生产影响较大。最大主产国苏丹地区虫害多发，对芝麻生产和单产水平提高造成很大影响，同时，苏丹中部土壤为黏土，芝麻害虫长蟓或芝麻虫在该地区频发，影响芝麻含油量，导致芝麻品质和单产水平提升缓慢。

3. 非洲芝麻单产明显偏低

由于优良种质资源缺乏、生产管理技术落后、基础设施不足以及病虫害防控措施缺乏等影响，非洲芝麻平均单产仅有31.6千克/亩，低于世界34.2千克/亩的平均水平，远低于中国92.8千克/亩的单产水平。

4. 非洲芝麻支持政策较为缺乏

芝麻目前是非洲主要国家对外出口创汇的重要产品，芝麻生产在世界供给中也占据重要地位。但非洲国家受经济增长缓慢、财政收入不高等因素制约，目前对芝麻产业的支持力度仍相对较小。

5. 非洲加工业发展落后

非洲地区大多数国家存在加工技术落后、加工设备缺乏、电力供给不足等问题。这在很大程度上制约了当地加工制造业的发展。如坦桑尼亚国内制造业技术落后，主要生产初级产品，工业制成品、电气产品、运输设备均主要依靠进口。由于加工业落后，芝麻深加工和高附加值的产业开发严重不足，目前在芝麻产业对外贸易中仍只能以初级原料为主，限制了产业创汇能力和提质增效能力。

（二）非洲芝麻产业的发展方向及潜力

1. 非洲芝麻单产水平有望大幅提升

目前，非洲芝麻平均单产水平明显偏低，仅为中国的36.8%。通过基础设施建设、品种改良、栽培管理技术改进和提升，非洲芝麻单产有大幅提升空间。目前，中国援非的部分项目以及技术交流合作项目针对非洲生产技术改进做了大量工作，如中国在苏丹开展的芝麻生产合作，预计通过品种改良和栽培管理技术改进等措施，预计能将苏丹芝麻单产从18.8千克/亩提升至40千克/亩，单产水平翻一番。

2. 通过投资合作提升芝麻深加工和出口能力

目前非洲芝麻生产和出口规模居世界前列，但加工技术落后、能力建设严重不足，严重影响出口芝麻的品质和价值。通过技术输出以及投资合作，有助于提高非洲芝麻加工技术水平和引进先进加工设备，如清洗、色选等机器的引进有助于降低非洲芝麻的杂质率，提高产品的一致性和综合品质，进而有助于提升出口价值，对于提升非洲芝麻出口创汇能力，带动产业发展和地区经济增长具有积极促进作用。

四、中非芝麻产业合作展望

（一）中非芝麻产业合作的重点领域

目前，中国在非洲单独对芝麻产业进行投资的项目较少。考虑到中国经济增长趋稳，外汇储备处于较高水平，投资的条件具备、机制较为成熟。埃塞俄比亚、苏丹、坦桑尼亚等非洲芝麻主要生产贸易国正处于经济平稳增长，且国内需求增长阶段，未来双边农业合作和投资规模可进一步扩大，中国对非洲芝麻产业投资总量有望增加。基于中国和非洲主要国家资源、芝麻产业、双边贸易情况等，未来双方芝麻产业合作的重点领域集中在以下几个方面：

1. 芝麻种质资源交流与合作

中国芝麻品种研发处于国际先进行列，在芝麻品种的抗耐性、单产水平等方面具有突出优势。目前中国芝麻单产居世界首位。未来中非可充分利用两国种质资源，加强芝麻新品种培育的合作研究，向埃塞俄比亚、苏丹、坦桑尼亚等主要国家输出中国的芝麻优良品种。

2. 芝麻栽培管理技术合作

中国芝麻种植历史悠久，自 2008 年国家成立现代农业芝麻产业技术体系以来，通过产学研合作实践探索出了适宜不同产区的芝麻绿色高产栽培管理模式和技术体系，涵盖栽培管理技术、病虫害防治技术等。针对非洲主要产区单产水平低、病虫害多发且防治措施有限等问题，可积极开展栽培管理技术的交流与合作，提升非洲主产国芝麻生产综合管理技术水平和综合生产效率。

3. 芝麻生产以及物流等基础设施建设

目前，非洲主要国家芝麻生产的基础设施建设极为薄弱，不利于开展产业的投资合作。今后合作的主要领域为农田小水利设施改造和建设，滴灌技术和设备的交流与合作。同时，埃塞俄比亚地处亚洲、非洲和中东地区的交会处，区位优势明显，发展潜力巨大，基础设施的建设对经济发展以及开拓经贸合作至关重要。目前，埃塞俄比亚基础设施建设步伐加快，中国与埃塞俄比亚两国正在合作打造亚吉铁路经济走廊，铁路建设正在积极推进中，围绕这一规划，可在农产品物流体系基础设施建设等方面加强合作，有益于借助区位优势，将农业经贸合作拓展至非洲其他国家。

4. 芝麻加工贸易合作

目前，中国在非洲单独对芝麻产业进行投资的项目较少。部分企业和机构与非洲部分国家以技术交流为依托，向非洲输出中国芝麻种植栽培技术和管理经验，帮助非洲主要国家提高非洲单产水平。此外，中国在非洲有很多芝麻贸易商从事当地芝麻收购工作，再通过贸易方式向国内出口。总体来看，投资环节主要偏重产业链前端环节。未来可以通过产业投资的形式，进入非洲芝麻加工环节，通过加工技术和设备的输出，同时积极推进深加工开发，有利于延长非洲芝麻产业链、提高产业附加值，提升非洲至世界其他国家的芝麻出口能力和出口价值。

（二）中非开展该品种产业合作的重点形式

1. 依托政府间合作项目开展投资合作

非洲主要国家外资环境总体较为宽松，但也存在金融风险如通货膨胀等。中国赴非洲开展农业投资可在现有以政府间合作项目为主的基础上，进一步拓展投资空间，采用更加灵活的投资模式。鼓励有条件、竞争力较强的企业进入非洲国家，采取绿地投资、并购等方式开展投资合作。

2. 充分利用土地和劳动力优势开展本土化生产经营投资合作

非洲各国家土地政策差异较大，但土地租赁总体较为便利且成本相对较低。如苏丹允许土地私有和买卖，同时土地价格较为便宜；坦桑尼亚土地全部归国家所有，坦桑尼亚公民单独或集体投资时，可以通过获得土地使用权、衍生权利或从私人手中转租的方式获得土地；埃塞俄比亚土地属共有财产，任何个人、公司及其他机构只拥有使用权，但投资者可根据投资项目类型，通过租用、租赁或免费取得城市和农村土地的使用权，且租期可为 15～99 年。因此，在开展芝麻产业投资合作时，需对投资对象国的政策进行全方位梳理和分析，可以采取租赁土地形式开展农业生产开发；当地的劳动人口较为充裕，且成本低廉，可优先雇用当地劳动力开展生产经营。

（三）中非芝麻产业合作的重点项目

一是对非输出优良品种合作项目。通过中国援非项目以及科研院所交流合作项目，积极与非洲主要国家农业部门对接，推进芝麻优良品种交流和输出合作项目。在带动非洲主要国家提升芝麻单产和品质的同时，也可以通过贸易确保中国芝麻供给安全。

二是中非芝麻生产技术交流项目。积极开展中非芝麻生产技术合作交流项目。重点围绕非洲主要芝麻产出国气候降水监测评估、芝麻土壤改良、测土配方施肥、病虫害防控、栽培管理技术模式研发等，研究制定适宜非洲不同主产国、主产区地区的芝麻高效生产技术体系，帮助非洲国家进一步提高芝麻生产综合效率，显著增加芝麻生产能力。

三是中非芝麻产业园项目。海外产业园区是推动建设的重要抓手，尤其是海外产业园区，在提供优惠政策、便利设施和专业服务以及带动中国企业"走出去"等方面，都发挥着重要作用。可依托中非政府间合作项目以及援外资金项目等开展中非芝麻产业园项目建设。在对非洲主要国家宏观环境和行业市场、营商环境进行全面分析与评估基础上，做好产业园建设顶层设计和发展规划谋划。明确园区运营模式、利益分配，吸引中国和其他国家芝麻加工企业入驻产业园，积极引进芝麻产业技术、设备、人才，推动非洲地区芝麻产业有序发展。

第七章 提升中国特色油料产业竞争力的政策建议

考虑到中国特色油料生产、消费和贸易现状，当前及未来相当长一段时期，一方面，中国仍将利用全球市场实现特色油料产品供需余缺的调剂，包括稳定和扩大出口市场以及增加部分品种进口规模、拓展进口国家和地区；另一方面，特色油料仍将作为主要作物在主产区特别是中西部地区发展壮大，并成为带动地方经济发展和促进农民持续增收的特色产业。因此，在全球贸易自由化日益加深、"一带一路"倡议不断推进以及特色油料生产贸易格局动态构建背景下，中国特色油料产业发展既要高度关注特色油料油脂供给安全的问题，也需关注进口大量增加背景下国内产业可持续发展问题，即产业发展需要兼顾供给安全和产业安全双重目标。基于特色油料产业竞争力影响因素分析以及中国特色油料对外合作的现状、前景、潜力分析结论，本章从切实转变生产方式、积极培育产业主体、大力推进精深加工、建设完善市场体系、实施差异化品牌化战略以及加强产业对外合作六个方面提出提升中国特色油料产业竞争力、促进产业可持续健康发展的政策建议。

一、加快转变特色油料生产方式

（一）加快特色油料优良品种选育推广

加快特色油料作物优良品种的选育，切实提高国产油用葵花籽、芝麻和胡麻籽含油率，提高国产芝麻食用加工芝麻蛋白质含量和口感。加快优良品种和优质专用品种的推广使用。针对近年来主产区涝灾、旱灾等自然灾害多发频发等情况，加强芝麻耐渍品种、胡麻抗旱品种、向日葵高抗品种的研发和选育，重视丰产性、抗病性的基础上加强抗旱、抗倒伏、适宜机械化以及功能化和高值化的新品种选育。积极研究推广适宜不同区域的间作套种配套技术模式，加强农机农艺融合，持续提高特色油料单位面积产出水平。加强特色油料病虫草害的无公害防控新技术创新，开展病虫草无公害防控药剂减量保效技术研发，确保特色油料质量安全。

（二）推进特色油料标准化优质化生产

基于特色油料主要优势产区布局，建立一批具有农产品地理标识的特色油料标准化生产基地，集成应用高产高含油率等优良品种、现代化生产技术和标准化生产模式，通过示范推广和辐射作用，带动主要产区标准化、规模化生产，切实提高特色油料综合品质。通过引领带动，提高特色油料生产的标准化、规模化水平。鼓励地区龙头加工企业与基地建立合作机制，形成良性循环、各环节相融互促的产业链，推进特色油料产业化发展进程。积极利用地理标志、原产地、绿色产品等助力地区特色油料生产发展。充分发挥主产区资源禀赋优势，积极申请"三品一标"、原产地标识、区域公用品牌等，有条件的产区可申请特色农产品优势区等，加快实现原料生产的标准化、优质化和品牌化，从生产源头提高特色油料的附加值和竞争力。

（三）加强主产区社会化服务组织建设

加强特色油料产区社会化服务组织建设和发展。通过社会化服务组织供种、机械化、农机农艺等统一服务，切实提高特色油料生产效率，实现生产环节的节本增效。创新社会化服务机制。鼓励服务主体因地制宜发展单环节、多环节、全程生产托管等服务模式，大力推广"服务主体＋农村集体经济组织＋农户""服务主体＋各类新型经营主体＋农户"等组织形式，采取"农资＋服务""科技＋服务""互联网＋服务"等方式，促进技物结合、技服结合。提升社会化服务科技水平。

（四）探索特色油料生产数字化信息化

推动生产社会化服务与科技深度融合，引导服务主体充分利用大数据、人工智能等信息技术手段，提升信息化、智能化水平。推进物联网等现代信息技术和农业智能装备在特色油料种植领域的应用，探索建立"互联网＋生产"模式。构建特色油料物联网综合管理系统，包括基于 GIS 的生产资源管理系统、病虫害管理及专家远程诊断系统、农田环境检测与灌溉决策控制系统、农机物联网管理系统，充分发挥其在节药、节肥、节劳动力等方面的作用，提高土地产出率、资源利用率和劳动生产率，促进特色油料种植向智能化、精准化、网络化方向转变。

二、积极培育特色油料产业主体

（一）促进农民专业合作社高质量发展

提升特色油料种植专业合作社规范化水平，完善合作社章程、组织机构、财务报告、利益联结机制等方面建设。增强合作社服务带动能力，支持骨干合作社加强农产品初加工、仓储物流、技术指导、市场营销等关键环节能力建设，鼓励合作社延伸产业链条，拓宽服务领域。促进种植合作社联合与合作，通过兼并、合并等方式进行组织重构和资源整合，培育一批竞争力强的农民合作社联合社。加强试点示范引领，培育一批国家级、省级、市级特色油料农民专业合作社示范社。

（二）加快发展特色油料种植大户

加强对特色油料种植大户的培育和支持力度。积极推动与特色油料科研机构合作，开展种植大户经营者农业技能、农业创业、农业专项技术等培训。支持种植大户承担各级项目，通过补助和贴息等形式，鼓励各类金融、保险机构为种植大户提供信贷支持，适度调整贷款期限及额度。鼓励种植大户开展直销直供经营等，支持配套发展特色油料产品产地初加工、休闲观光和农家乐。鼓励组建种植大户协会或联盟，培育一批带动能力突出、示范效应明显的种植大户协会或联盟。

（三）培育一批特色油料龙头企业

鼓励特色油料主产区地方政府探索实施财税优惠政策等，吸引大型加工企业入驻开展原料加工，充分发挥其产业引领作用，促进带动当地优质原料开发和利用。在发展现有加工企业基础上，筛选扶持培育一批加工企业，通过财政资金、项目等资助扶持，加快特色油料加工企业优化加工设备技术、提高加工产能、引进加工技术及管理人才。鼓励和引导主产区引进科技型企业，助力优势生产区企业开展特色油料优良品种培育、深加工等高技术环节关键技术攻关。鼓励特色油料龙头企业与种植专业合作社、种植大户等新型经营主体组建产业化联合体，打造龙头企业带动、合作社和种植大户跟进、小农户参与的产业化联合体。鼓励特色油料加工企业和农民专业合作社采取"企业＋合作社＋基地"的生产经营模式，共建利益和风险分担机制。

三、大力推进精深加工和资源综合利用

（一）构建产业集群带动特油加工提档升级

《全国乡村产业发展规划（2020—2025）》中明确提出了要"统筹发展农产品初加工、精深加工和综合利用加工，推进农产品多元化开发、多层次利用、多环节增值"以及"推进农产品加工向产地下沉"的要求，基于特色油料生产发展现状和产业发展需求，加快在全国特色油料优势主产县构建涵盖初加工、精深加工和生态循环农业的特色油料产业集群。

（二）延长产业链条促进精深加工资源开发

按照"全产业链打造、全过程质量控制、全要素集约利用"的思路，大力开展特色油料原料产品，花、叶、秸秆、花盘等副产品以及特色油料富含的 α-亚麻酸、芝麻素、维生素 E 等功能性产品的深加工产品研发。拓展多样化、营养化、方便化、安全化、优质化的油用制品开发，以特色油料生产基地为基础，以科学技术为先导，以合作经济组织为依托，根据市场需求和消费趋势，开发具有高附加值的工业品、化妆品、药用品，实现产业增值增效，实现特色油料产业可持续发展。推动加工企业与种植、养殖等行业企业合作，探索推广特色油料生产加工副产物综合利用，充分利用特色油料饼、粕、秸秆和产品加工下脚料等，打造生态循环式特色油料大产业。推广循环种植模式，探索"特色油料秸秆—畜牧饲料—有机肥""特色油料秸秆—环保碳"等多种产业循环发展模式。

（三）制定完善行业技术标准和产品标准

加快制定特色油料作物中富含的功能性成分如芝麻酚、芝麻素、木酚素、α-亚麻酸、亚麻胶等开发的技术标准以及产品标准。加快促进产业从油脂类产品和食用性产品单一功能的开发进一步向附加值更高的生物制药以及保健产品市场领域拓展，显著延长特色油料产品产业链，切实提高产业综合价值，加速产业综合竞争力全面提升。

（四）支持特色油料一二三产业融合发展

充分利用特色油料作物观赏功能，结合乡村旅游和文化挖掘积极拓展特色油料产业多功能性。引导特色油料企业借助互联网构建营销"新渠道"，扩大消费"新对象"，发展"新市场"，鼓励企业通过电商、微商、实体店等新兴营销渠道宣传和销售特有产品。

四、建设完善国内特色油料市场体系

（一）建设特色油料产地专业市场

对标国家级农产品产地专业市场建设要求，在特色油料优势主产区，选择具有一定流通集散中心优势、发展基础相对较好的县市，建设特色油料产地市场，促进国内现货交易有序发展壮大。选择加快现有交易市场改造，配套升级建设市场管理信息化系统、质量安全检测与追溯系统、电子结算等设备设施，构建集物流集散、价格形成、产业带动、品牌培育、科技交流、会展贸易六大功能于一体功能齐全的特色油料产地专业市场。使之成为全国特色油料交易集散"中枢"、价格形成中心、信息发布中心。

（二）探索打造国际电子交易平台

基于中国在全球特色油料国际贸易中占据的地位日益提升，可积极探索建设特色油料国际电子交易平台。在电商平台发展基础相对较好的地区，探索建立以互联网为基础的特色油料线上交易平台，打造特色油料国际电子交易中心，发展网上交易及跨境电子商务，满足产业链上下游企业大宗商品的交易需求。运用物联网技术和互联网技术，实现实体交易市场与网上交易市场同步运营。积极发展特色油料跨境电子商务，支持特色油料龙头企业"走出去"，加强与"一带一路"沿线国家和周边地区特色油料贸易合作，逐步建成"立足主产区、辐射全国、走向全球"的特色油料贸易网络。

（三）加强行业协会建设发展

指导特色油料各品种成立行业协会，健全各项自律性管理制度，引导行业协会在产前、产中、产后环节为产业主体提供免费技术服务和信息服务。支持行业协会参与产销衔接、公共信息服务发布以及市场监督管理等工作，充分发挥行业协会在规范市场流通秩序、服务产业主体的作用，引导和促进产业有序健康发展。

五、探索实施差异化品牌化发展战略

（一）实施国产特色油料差异化发展战略

与国际市场特色油料相比，我国油用芝麻、葵花籽和胡麻籽在含油率、价格上劣势突出，未来依靠技术进步、品种改良、机械化率提升、农机农艺配合以及主体培育等多渠道，有利于提升我国特色油料竞争力。但基于我国耕地、水资源约束趋紧，人口红利逐渐弱化导致的劳动力成本刚性上涨等因素，短期内竞争力提升效果有限。实施差异化战略是当前应对国际市场原料竞争和进口对国内生产冲击的重要措施。如与国际特色油料相比，我国芝麻、胡麻籽原料的品质更优，生产的芝麻油、胡麻油在香味、色泽和口感上可与进口原料形成显著差异；国际市场葵花籽主要为油用葵花籽，与我国食用葵花籽相比，在食品加工领域我国食用葵花籽具有皮薄、果仁饱满、个体更大等优势，这有利于我国在市场细分、产品开发和消费群体定位等方面实施差异化发展战略。

（二）实施国产特色油料品牌化发展战略

加快创建特色油料区域公共品牌。根据《农业农村部关于加快推进品牌强农的意见》，坚持品质与效益相结合、坚持特色与标准相结合、坚持传承与创新相结合、坚持市场主导与政府推动相结合，充分利用特色油料优势主产区资源禀赋优势、产品品质优势等，申请建设特色油料区域共用品牌。探索"区域公用品牌＋县域产地＋企业商标"模式，实行区域内特色油料产品统一标识、统一包装、统一品牌。

实行特色油料企业和产品品牌培育计划。按照"优质"、突出"特色"的原则，制订实施分层次、立体化企业品牌培育计划，培育特色油料成长型品牌。依托国内特色油料优势产区，如五原、平舆和会宁县等特色油料优势主产县代表，扶持一批龙头企业、合作社、种植大户加快绿色、有机食品认证和质量管理体系认证，打造葵花籽、芝麻和胡麻籽产品品牌。

加强国产特色油料品牌宣传。充分利用电视和网络平台进行品牌包装、推广与销售，大力宣传推介国产特色油料优质品牌。借助中国国际农产品交易会、世界农业博览会等各类展销会，广泛开展国产特色油料产品宣传和推介活动，提高品牌在国内外的知名度和影响力。

六、积极开展特色油料对外合作交流

（一）积极利用内外两个市场两种资源

基于特色油料和食用植物油的产业定位，确保国家食用植物油消费的多元化需求仍需充分利用好国际市场资源。要加强特色油料海外基地建设。在巩固特色油料主要进口来源国贸易合作的基础上，进一步拓展与周边国家特别是非洲、黑海（乌克兰、俄罗斯）等地区国家的贸易合作，加快促进进口来源多元化，实现特色油料原料、油脂供给安全的同时有效降低贸易风险。

（二）加强与"一带一路"沿线国家交流合作

加强与沿线国家特色油料产业经贸合作。积极与沿线国家开展特色油料产业国际合作项目建设。支持国内科研单位与沿线主要国家开展学术交流、人员培训等。加强对沿线国家在特色油料产业发展领域的技术输出，提高沿线国家育种研发、生产加工以及质量控制等重要环节的能力和水平，有效提高全球特色油料供给能力，履行大国责任与义务，增强中国特色油料产业国际影响力。

参考文献

［1］农业部市场预警专家委员会．中国农业展望报告（2018—2027）［M］．北京：中国农业科学技术出版社，2018.

［2］孙致陆，李先德．"一带一路"沿线国家与中国农产品贸易现状及农业经贸合作前景［J］．国际贸易，2016（11）：38－42.

［3］王慧敏等．中俄农业投资合作现状及发展方向［J］．国际经济合作，2017（5）：80－85.

［4］原瑞玲等．"一带一路"背景下中国与蒙古农业投资合作分析［J］．中国经贸导刊，2017（5）：40－43.

［5］张雯丽等．"十三五"时期我国重要农产品消费趋势、影响与对策［J］．农业经济问题，2016（3）：11－16.

［6］张雯丽等．中印农业合作现状、投资环境与合作潜力分析［J］．中国经贸导刊，2017（5）：40－44.

［7］赵璐，邵娜．"一带一路"背景下中国油脂油料贸易现状及展望［J］．农业展望，2017（7）：95－98.

［8］高志影，郝琳艳．以国际视角看中国葵花籽贸易与发展［J］．经济师，2007（10）：41－42.

［9］王瑞元．中国的优质食用油源——葵花籽油［J］．中国油脂，2016，41（3）：1－3.

［10］王永刚．世界主要油料及植物油生产和贸易格局分析［J］．中国油脂，2010，35（8）：1－6.

［11］何伟．基于引力模型的中国食用油籽贸易影响因素及贸易潜力研究［D］．北京：中国农业科学院，2011.

［12］李然. 当前我国植物油籽贸易的特征、发展趋势及对策［J］. 国际贸易问题, 2008（8）: 34 - 41.

［13］邱玲. 中国食用植物油贸易竞争力研究［D］. 哈尔滨: 东北农业大学, 2017.

［14］Tyszynski H. World Trade in Manufactured Commodities: 1899 - 1950［J］. The Manchester School of Economic and Social Studies, 1951, 19（9）: 272 - 304.

［15］Leamer E E, Stern R M. Constant - market - share Analysis of Export Growth［J］. Quantitative International Economics, 1970（1）: 171 - 183.

［16］Rigaux L R. Market Share Analysis Applied to Canadian Wheat Exports［J］. Canadian Journal of Agricultural Economics, 1971, 19（1）: 22 - 34.

［17］Sprott D C. Market Share Analysis of Australian Wheat Exports between 1950 - 1951 and 1969 - 1970［J］. Australia Bur Agr Econ Wheat Situation, 1972（35）: 11 - 16.

［18］Jepma C J. Extensions and Application Possibilities of the Constant Market Shares Analysis: The Case of the Developing Countries' Exports［D］. Groningen: University of Groningen, 1986.

［19］Milana C. Constant Market Shares Analysis and Index Number Theory［J］. European Journal of Political Economy, 1988, 4（4）: 453 - 478.

［20］王贝贝. 中国羊毛对外贸易及影响因素研究［D］. 北京: 中国农业大学, 2016.

［21］马园园. 基于品目细分的我国油料作物国际竞争力研究［D］. 南京: 南京农业大学, 2011.

［22］张莹, 张雯丽. 世界葵花籽生产、贸易结构变迁及趋势分析［J］. 世界农业, 2018（9）: 119 - 126.

［23］张莹, 张雯丽. 世界葵花籽生产贸易发展动态及启示［N］. 中国城乡金融报, 2020 - 06 - 10（B03）.

［24］张莹, 张雯丽. 中国向日葵产品贸易变动成因——基于 CMS 模型的实证分析［J］. 世界农业, 2020（7）: 53 - 60.

［25］张雯丽. 中国特色油料产业高质量发展思路与对策［J］. 中国油料作物学报，2020（2）：167 - 174.

［26］安玉麟，孙瑞芬，冯万玉. 我国向日葵品种改良进展及其与国外的差距［J］. 华北农学报，2006（S3）：1 - 4.

［27］胡莹莹. 黑龙江省向日葵生产发展对策研究［D］. 北京：中国农业科学院，2014.

［28］Fredoun Z. Ahmadi - Esfahani. Wheat Market Shares in the Presence of Japanese Import Quotas［J］. Journal of Policy Modeling，1995，17（3）：315 - 323.

［29］Chen K，Xu L，Duan Y. Ex - post Competitiveness of China's Export in Agri - food Products：1980 - 96［J］. Agribusiness，2000，16（3）：281 - 294.

［30］Simonis D. Belgium's Export Performance：A Constant Market Share Analysis［R］. Federal Planning Bureau，2000.

［31］Kumar C N，Muraleedharan V R. SPS Regulations and Competitiveness：An Analysis of Indian Spice Exports［J］. South Asia Economic Journal，2007，8（2）：335 - 346.

［32］Malorgio G，Hertzberg A. Competitiveness of the Southern Mediterranean Countries in the Italian agri - food market［J］. New Medit，2007，6（3）：14.

［33］Skriner E. Competitiveness and specialisation of the Austrian Export Sector - A Constant - market - shares Analysis［R］. FIW，2009.

［34］帅传敏，程国强. 中国农产品国际竞争力的估计［J］. 管理世界，2003（1）：97 - 104.

［35］孙林，赵慧娥. 中国和东盟农产品贸易波动的实证分析［J］. 中国农村经济，2004（7）：46 - 52.

［36］杨莲娜. 中国对欧盟农产品出口增长的影响因素分析［J］. 国际贸易问题，2007（10）：41 - 46.

［37］龚新蜀，张晓倩. 中国对中亚五国农产品出口贸易影响因素分析——基于 CMS 模型［J］. 国际经贸探索，2014，30（8）：77 - 87 + 106.

［38］钟钰，华树春，靖飞. 中国农产品贸易进口波动因素分析［J］. 南京农业大学学报（社会科学版），2005，5（4）：6 - 10.

［39］刘艺卓. 基于恒定市场份额模型对我国乳品进口的分析［J］. 国际商务（对外经济贸易大学学报），2009（4）：36－40.

［40］耿晔强. 经济全球化下中国农产品进口的成因分析——基于修正的 CMS 模型分解［J］. 云南财经大学学报，2015（1）：83－91.